いくさの響きを聞きながら

——横須賀そしてベルリン

潮木守一

東信堂

いくさの響きを聞きながら——横須賀そしてベルリン／目次

第一部　いくさの街に育ちて　3

目次

目次

装幀 桂川 潤

いくさの響きを聞きながら——横須賀そしてベルリン

第一部　いくさの街に育ちて

✝富士山

伊豆半島は、太平洋に向かって鏃《やじり》のような形で突出している。地図で見ると、山岳部が海に急落し、平野はおろか入り江さえないように見える。しかし現地にいってみると、海岸線が山地に食い込んだ小湾がいくつかある。なかには巾着湾といって、入り口がすぼみ、中側に静かな入り江をたたえた、美しい港がある。西海岸を北から数えると、戸田、安良里、堂ヶ島、田子、妻良《めら》などがそうである。

こうした巾着湾をかかえた村落では、エンジン船による遠洋漁業が発達し、戦前はイルカの追い込み漁が行われていた。駿河湾に入ってくるイルカの群れを発見すると、幾艘かの船で群れを取り囲み、「トン、トン」という独特な音を立てながら群れを巾着湾に追い込む。群れを追い込んだところで、巾着湾の入り口を網でふさぎ、船から飛び込んだ漁師が、イルカの背中に乗って、一頭一頭ナイフでしとめてゆく。イルカの背中からは鮮血が飛び散る。後世の動物愛護団体が聞いたら、ごうごうたる非難をあげるだろうが、戦前にはそれが一つの生業であった。

イルカの肉は蛋白源となって近郷近在で消費された。その油は、灯油として使われ、石油の乏しくなった戦中には、ガソリン代わりに使われた。イルカの油を使ったバスが、独特な匂いを撒き散らしながら伊豆半島を走っていた。

私の父は明治三三（一九〇〇）年一二月二八日、静岡県田方郡西豆村大字八木沢字大久保で生まれた。現在では静岡県の伊豆の土肥町に編入された一寒村である。私は戦争中に短期間、疎開児童としてそこで過ごした。そこは伊豆半島の西海岸に面した、富士山を望むことのできる小集落であった。眼前には駿河湾が開け、背後には山地が迫っている。だから平坦地はほとんどない。大久保とは、急斜面にかろうじて張り付いた窪地を意味していたのだろう。

私の苗字は珍しく、よく先祖は士族かと尋ねられる。そのたびに「族は族でも、海賊のほうです」と説明することにしている。西海岸にいくつか散在する小湾は、おそらく海賊の住処としては格好の場所だったのだろう。ふだんは山陰の入り江に潜み、いざ獲物が沖に差し掛かると、一斉に船を漕ぎ出して敵を襲う。敵の反撃に会い、不利と見れば、港に引き返し、急峻な山中に逃げ込む。小さな入り江と背後に控えた深い山地。これは格好の攻撃体制であり防衛体制だったのだろう。今この地方を訪れてみても、いったい先祖が何を生業としていたのか、想像することが難しいほどの僻地である。海と山に囲まれた、わずかばかりの傾斜面に人家が点在している。先祖は海賊だった。ある時期から私はそう思うようになった。

もちろん海賊というのは半ば冗談で、平時にはおだやかに漁業、農業、林業さまざま組み合わせながら生計を立てていたのだろう。しかしいったん世の中が乱れると、漁民は容易に海賊に変身したであろう。戦国時代には「伊豆水軍」と呼ばれ、武田信玄に仕えたという言い伝えが残されていた。

田圃がない以上、人々は米作以外の道を探らねばならなかった。その集落ではさまざまな産物を生産していた。まず山に入っては椎茸を作り、炭を焼いた。海に入っては魚、海苔をとり、そして天草を取った。そしてわずかな山間の田圃を耕し、米、野菜を作った。牛乳が現金収入をもたらす時代がくれば、牛を育てた。豚を飼い、大きく育て、それを売った。養蚕がよい収入源になるとなれば、養蚕に励んだ。季節がくれば船を出し、秋刀魚や烏賊《いか》を取った。烏賊はするめにして町からくる仲買人に売った。椎茸、天草、するめ、木炭、養蚕は、貴重な現金収入源であった。

もちろん都会に出稼ぎに出る人もいた。近在で道路工事、砂防工事があるといえば、遠路を厭わず現金収入のために出かけた。夜は夜で炭俵をない、ござを作り、縄をなった。嵐の次の日には、杉の葉を集めに山に出かけた。つまり春夏秋冬三六五日、そして目が覚めて眠りにつくまで働き続けた。こうした風土、環境のなかを生き延びるためには、一家総出で働く必要がある。子どもも例外ではなかった。ごく幼い時から田圃に出て農作業を手伝い、船を漕いで魚を獲った。幼い兄弟姉妹がいれば、それを背中に負ぶい、両手は農作業のために使った。

さらにこの貧しい農漁民を苦しめたのが、冬季に入ると決まって吹く「西の風」という季節風であった。冬季には連日のごとく、西側から伊豆半島めがけて強風が吹きつけた。そうすると駿河湾全体が沸き立つように白波で覆われた。この駿河湾越しに吹いてくる「西の風」とは、冬季シベリアに発生する寒気団に源がある。冷たい寒気団は日本海を下って日本列島を襲うが、その多くは高い日本列島の山脈で遮られる。だから冬季に入ると、日本海側では連日曇った日が続き、雨となり雪となって大地を覆う。それに対して太平洋側では連日のように空っ風が吹き、晴天が続く。

ところがこの日本列島には一箇所、山脈が途切れている箇所がある。それは若狭湾から濃尾平野にかけての箇所である。そこには伊吹山以外、シベリヤ寒気団を遮る山がない。若狭湾を吹き抜けた寒気は、関が原に大雪を積もらせ、濃尾平野を「伊吹おろし」となって吹きぬけ、浜松付近で西向きに方向を変え、そして一気に伊豆半島に襲いかかる。伊豆半島を襲う頃には、すっかり水分がなくなり、完全に西向きか、むしろ西南の風となっている。

この強烈な季節風の頃になると、漁師は船を出すことができなくなる。同じく駿河湾沿いの漁村で生まれた作家芹沢光治良氏によると、食糧を魚類に頼っていたその村では、この季節になると、食するものが途絶えたという。この季節、沼津―下田間の汽船は途絶する。伊豆半島はほとんど孤立した状態になる。陸路をとるとすれば、土肥から船原峠越えのバスを使って修善寺、三島に出るしかない。今でこそ道路が整備されたが、戦前は急勾配と急カーブの続くこの陸路は、バス運転手にも敬遠された。バスが谷間に転落する事故が、しばしば発生した。

✢愚直な勤勉さ

こうした風土は独特な人柄を育てあげた。人間とは、たえず身体を動かし、働いていなければならない。人間は怠け心を起こすと、とめどもなく怠堕に落ち込んで行く。怠堕はそのまま生存の危機に通じた。それはほとんど恐怖心に近い感覚であった。結果や見返りを考える前に、まず身体を動かす。それはほとんど反射的な習慣であり、愚直なまでの勤勉さであった。

その土地には「みがましい」という独特な表現がある。正確に意味を伝えることは困難であるが、おそらく朝から晩まで、身を粉にして働くということであろう。

前面は駿河湾、背後は天城山系。ほとんど平地がなく、米作りのできない地域が昔から豊かだったはずはない。万治元年（一六五八年）の記録によると、村全体の石高は五一八石余、この石高は元禄、天保ともほとんど変わっていない。平地に限りのあるその地域では、それ以上の水田開発は無理だった。おそらく村人を養うだけの米はとれなかっただろう。

だから村人は、米作以外のさまざまな産物に頼った。前記の元治元年の年貢割付には、鹿皮、鯛のひらき、鰹節、薪などがあげられている。鹿革が年貢の対象となったのは、後ろに奥深い天城山系を控え、鹿の捕獲が行われたことの証拠であろう。薪については古くから江戸に輸出されたとの記録がある。しかし一八〇〇年に書かれた記録では「当国第一なりしが今は 山木を掘り崩れ、わずかに見るのみ」と記されている。薪の伐採は、一時は村人を潤したが、やがては刈り尽くされたのだろう。

その後、薪の代わりとして登場したのが、木炭だった。江戸時代には天城御料林から木材を切り出し、それを木炭に加工し、江戸などの消費地に輸出する「請負い製炭」が発達した。これは山にも近いが、海にも近いという地形を生かした生業だった。

しかしこの御料林の伐採は、周辺村落との摩擦を引き起こした。天城御料林は八木沢村ばかりでなく、周辺各村にとっても薪、雑木の採取場であった。明和年間（一七六四〜一七七二年）には八木沢村と土肥、小土肥、小下田の駿河湾側四か村が、天城山側の湯ケ島村などの七か村を相手に、下草・雑木の伐採をめぐって紛争を起こしている。土肥村と天城湯ヶ島との境には、船原峠がある。船原峠の標高は約七〇〇メートル。八木沢村からこの峠まで徒歩で行くには、ほとんど一日を要するだろう。

私は疎開中遠足で船原峠の近くの監視塔（戦争中置かれた敵の飛行機を発見するための見張り塔）まで歩いていったが、小学校四年生の足には大きな負担となった。へとへとになって戻ってきた記憶がある。先祖達はこのはるか遠い山中の草木の伐採権をめぐって、隣村と争った。米作のできない農漁民にとっては、遠い山中の草木の伐採権も疎かにできない一大事件であった。

もともと八木沢は天城山系から流れ下る一本の川を中心に、小さな湾をなしており、かつては良港として利用された時期もあったという。ところが度重なる洪水によって江戸末期には、その湾も埋まってしまった。急峻な天城山系には、しばしば集中豪雨が降り注ぎ、土砂崩れを起こした。山中で発生した土石流は、一気に川を下りおり、河口部に堆積した。こうしてかつての良港は、土砂で埋まっていった。その名残が私の疎開時代にも残っていた。

八木沢と大久保の間には、丸山という文字通り丸い格好をした山が海に面してあった。戦国時代には丸山城という城があったという。いかにも城砦を築くには格好の形をしていた。その城山の麓に「港」と呼ばれる場所があり、かつてはそこが船着場だったという言い伝えがあった。私が疎開していた時代には、そこはただ葦が生えるだけの湿地だった。おそらく戦国時代には、そこは港として使われていたのだろう。この山陰の港に入ってしまえば、外敵から姿を隠すこともできるし、強い季節風を避けることができた。戦国武士、もしくは海賊にとっては、それは絶好の隠れ場だったことであろう。

ただ貧しい西伊豆のなかにあって例外だったのは、土肥町であった。ここには天正年間（一五七〇年代）あるいは慶長年間（一六〇〇年代）から金の採掘が行われ、多くの採掘労働者が集まった。そして彼等の落とす金目当てに、さまざまな商売が栄えた。

私が疎開していた時代には、金鉱は掘りつくされ、ほとんど活動していなかった。しかしかつての面影がまだ残っていた。何よりもまず、土肥の町には映画館があり芝居小屋があった。菓子屋があり、本屋があり、食堂があり、立派な旅館があった。その海岸は大久保の荒磯とは違って、見事な松並木が立ち並び、その間には美しい砂浜が広がっていた。この砂浜を目指して、遠くから海水浴客が集まってきた。

一九七〇年代にレジャーブームが到来してから、長らく閉山となっていた金鉱が、にわかに観光名所として復活した。私は四〇歳代に入ってから、妻や子ども達を連れて土肥を訪れ、いまや観光名所となった金鉱跡を見物した。それはかつて通ったことのある、寂れた道のすぐ傍にあった。「なんだ、ここが金鉱跡だったのか」とその時驚いた。戦争中はそれほど忘れ去られていた場所だった。

現在の土肥を訪れると、見事に土地整備ができ、道路も立派になっている。砂浜の一隅には、若山牧水の銅像が立っている。牧水は沼津の出身で、よくこの土肥を訪れたという。牧水の名は少年時代から知っていた。「幾山河　越え去り行かば　寂しさの　果てなむ国を　きょうも旅ゆく」。この歌は、孤立感を抱きながら生きていた少年時代の私には、忘れられない歌となった。そしていつか自分も未知の土地を当てもなく彷徨《さまよ》うことを夢見た。このように金山で栄えた土肥は別として、伊豆半島の西海岸はいずこも豊かではなかった。

✢海軍志願

父はこうした寒村の三男として生まれた。産物の乏しい農漁村にとって、唯一の資源は労働力であった。朝から晩まで、身を粉にして働く労働力こそが、貴重な資源であった。しかしわずかばかりの田畑、山林、漁船は、すべて長男が相続するしかない。兄弟達で分けてしまえば、一家が共倒れになる。二男、三男は貴重な労働力であるが、そうかといって、いつまでも労働力として手元に置いておけば、自立の機会を奪ってしまう。分けてもらえる財産もなく、いつまでも独身のまま、生家に残っていれば、やがて家内がもめる。労働力としては使いたいが、そうかといって、使いつぶすこともできない。二男三男をいかにして自立させるかは、この寒村では深刻な問題であった。そうしたなかから、さまざまな家族戦略が作り出された。

父の三人兄弟は、こうした家族戦略から生まれた典型的な経歴を辿った。まず長男は家を継いだ。二男は他家に養子にいった。問題は三男の私の父であった。もっともふつうの途は、郷土の先達を頼って都会に出て、大工の修行をすることであった。どこの村落にも、大工の棟梁として成功した先達がいた。二男、三男の多くはこうした先達を頼って町に出て、大工の見習いとなった。私の父にもそうなる可能性があった。

しかし大正時代に入ると、それまでにない新しい道が見え始めた。それは海軍に志願するという道である。都会から離れた寒村の住人にとって、未知の土地に出て行き、未知の職につくには、勇気が必要だった。そして何よりも未知の世界に対する恐怖心が働いた。そうしたなかから、村全体の相互支援の仕組みができあがった。まずだれかがある仕事に就いて、試してみる。それがうまくいけば、その「つて」を使って村の青年がそのあとを追う。同じ故郷同士の連帯感が、村を支える貴重な資源となった。父が高等小学校を卒業する頃には、こうした海軍に志願する道が見え始めてきた。

そのきっかけは、夏冬の休暇に姿を見せた、同じ村出身の海軍の水兵だった。いろいろ海軍の様子を聞くと、食事がよく、給与もあり、一定期間まじめに勤務すれば、恩給もつくという。この話を聞いてまず両親が乗り気になった。そこで相談の結果、父は海軍に志願することになった。万事は親の一存で決まり、父自身は自分の希望を言い出すことはなかった。

祖父が役場に行き、海軍志願の希望を伝えると、役場の兵事係は兵種は何にするかと訊ねた。祖父は同じ海軍にも、いろいろな兵種があることを知らなかった。そこでしかたなく「水兵になる」と答えたところ、それならばということで、父の水兵志願が決まった。ちなみにその当時の海軍志願兵条例を見ると、海軍は水兵、軍楽生、木工、機関兵、看護、主厨の六つの種別ごとに志願兵を募集していた。

このように、父の水兵志願は半ば偶然のように決まった。ところがその直後、将来のことを考えたら、機関科の方が良かったのではないかという話を持ち出した人がいた。つまり機関科の方が在職中、いろいろな技術を身につけることができ、退職後も融通がきくという。それに引き換え、ただの水兵では身につく技術がない。しかも将来下士官に昇進できる機会は少なく、多くの者は六ヶ年の義務年限終了とともに、大した技能もなく帰郷することになる。水兵はつぶしが利かないと、その人は言い出した。

しかしそうはいうものの、いったん提出した志願を変更することはできない。こうして、父の水兵志願が半ば偶然に決まった。こうした話が物語るように、大正時代の伊豆地方では、決定的に情報が欠けていた。だから農漁民はごくわずかな、それもどれほど正確か分からない情報に右往左往した。そのぶれ方は、しばしば極端な形をとった。極端な楽観から極端な悲観へ、そして極端な悲観から極端な楽観へと揺れた。

✢海兵団入団

日本の軍隊は徴兵制度で支えられていた。明治二二年一月二一日の徴兵令によると、「日本帝国臣民にして満一七歳より満四〇歳までの男子はすべて兵役に服するの義務あるものとする」とされていた。つまり満二〇歳以上の男子は、陸軍であれ海軍であれ、七年間の現役、予備役に服することになっていた。しかしこれだけで兵役が完了するのではない。予備役が終了すると、今度は五年間の後備兵役があった。つまり満二〇歳以上の男子は、一二年間は現役、予備役、後備役として軍務に服することが義務づけられていた。こうした徴兵制度を基礎にして、大日本帝国陸海軍が成立していた。

軍隊というと、海軍も陸軍も同じと思われている。多くの人は、陸軍の様子から軍隊生活を推測する。しかし陸軍と海軍とでは、決定的な相違があった。海軍は技術者集団であり、熟練技能者集団であった。操舵、砲術、魚雷発射、機械運転、通信には、長期間の熟練が求められた。海軍は巨大な装置産業であり、同時に巨大な熟練技能者養成機関であり、巨大な人材選抜機構であった。その巨大組織のなかで、重要な役割を演じたのが、下士官クラスであった。

こうした熟練技能者候補を集めるには、徴兵制度では足りなかった。そこで海軍は志願兵という制度を作った。志願兵とは徴兵として海軍に入るのではなく、本人の志望に基づいて海軍に加わる制度である。こうして父は、大正五年六月、海軍の志願兵として横須賀の海兵団に入団した。一六歳の時であった。入団の時は、父親が横須賀まで同伴した。

横須賀の海兵団に入り、最初に受けたのが身体検査であった。その時の記録では「頭部各所に小豆大の禿数個あり」と記録されている。その身体検査が終わり、会場の片隅に待機していると、一人の将校から声をかけられた。父は入団直前まで毎日素潜りをしていた。そのため、身体の皮膚が暗褐色にやけ上がり、それが人一倍目立った。まるで南洋の原住民のように、異様な色をしているので、将校がいぶかしく思い、その理由を尋ねた。そこで伊豆での生活ぶりを説明すると、その将校は「海はどのくらいの深さまで潜るのか」と訊ねた。「五、六尋（一〇メートルほど）の深さまで潜れます」と答えたところ、その将校は「しっかりやれ」といって激励してくれたという。こうして父の横須賀での長い生活が始まった。

素潜りとは、海に潜り、銛で魚を突く漁法である。運がよければ、伊勢海老を捕まえることもできた。魚、海老だけでなく、海底の岩に付着している「あわび」「とこぶし」「つぶ」の貝類を採り、天草、「めら」などの海藻類をとった。小学校四年生の私も疎開するとさっそく、潜り方を憶えさせられた。銛をかかえて水中に潜るのだが、それほど長いこと息が続かない。潜ってもすぐ息継ぎのために水面に顔を出した。そのため、よく笑われ、からかわれた。

子どもでも簡単にできたのは、浅瀬の海底に付着している「つぶ」を採ることだった。「つぶ」とは直径三センチほどの巻貝で、採ったのを塩水で茹で、針を使って中身を掘り出して食べる。それは独特な苦味があって、それがうまい。今でも採れるのか、採っているのか、よく知らないが、数年前、静岡の友人を訪問した時、酒のさかなとしてご馳走になった。久しぶりの味に、はるか少年時代を思い起こした。

身体検査が終了すると、新兵には水兵服が支給され、それに着替えた。父にとって洋服を着るのは初めてだった。ボタンのかけ方が分からず、まごついた。しかし周囲の者のしかたを真似て、どうにか水兵服を着ることができた。これで海軍四等水兵が一人誕生した。祖父は初めて海軍水兵服に身を包んだ息子と対面した。その時、息子からは包み袋が一つ父親に手渡された。なかには、その日まで息子が着ていた衣服が入っていた。こうして世間につながるすべてから切り離され、父の海軍生活が始まった。

大正五年、横須賀の海兵団に入団した水兵は、一、三五〇名だった。これが一分隊一六八名ずつの八分隊に編成された。そしてこの一分隊がさらに一四名単位の一二教班に分かれ、各教班には一人ずつ下士官の教員がついた。この下士官が新兵達の世話をし、海軍生活全般の指導をした。

五ケ月の新兵訓練は、ボートの漕ぎ方、徒手体操、銃の扱い方、射撃、手旗、口達、伝令、運用術、索具の名称、結び方、海軍用語(英語と日本語)、艦船の種類、名称など、さまざまな分野に及んだ。

それらは軍艦の乗組員として支障なく勤務できるよう、すべての分野にわたった。この五ケ月の間は、新兵は横須賀の市内に出るひまがほとんどなかった。ただ一度、秋に入ってから初めて下士官兵集会所(クラブ)に、引率されていった。このクラブに行くと、いろいろなものを売っている。若い兵士にとって、一番魅力的なものは、もちろんのこと食物である。全員がワッと売店口に殺到するので、長い行列ができた。目指すものが手に入るまで、その時は三〇分ぐらいかかった。

ところが、せっかく食物が手に入っても、今度はそれをゆっくり食べている時間がない。そこでみな、口の中に頬ばり込もうとする。なかには目を白黒させながら、ようやく帰団整列に駆けつける者もいた。あとで聞いた話だが、あまり慌てて餅菓子を頬ばったため、喉にひっかけて命を落とした者がいたという。

おそらく、これらの新兵はみな農村出身者で、現金を出して自分の好きな食い物を買った経験は、それまでなかったのであろう。海軍に入り、わずかとはいえ給料を手にする身分となり、自分の金で美味そうな物が食える。これだけでも新鮮な体験だったに違いない。農民にとって、現金がどれほど魅力のあるものか。都会に生まれ育った者には、理解を超えたものがある。

五ケ月に及ぶ新兵訓練も、いよいよ最後の段階を迎えた。一〇月に入って、新兵たちは辻堂海岸にある海軍練習用地での演習訓練に出かけることになった。横須賀から逗子、鎌倉、七里が浜、腰越を経て、一八キロの陸路を行軍しながら、辻堂に向かった。その日の行事は、この行軍だけである。午後四時、辻堂に到着した新兵達は、それぞれ民家を割り当てられ、そこで休息することとなった。その民家で新兵達を待っていたのは、ぼた餅と蒸かし芋だった。その時になって初めて父は、故郷を離れてから五ヶ月間、一度もぼたもちを食べていなかったことに気づいた。蒸かし芋も、よく伊豆で食べていたものにくらべて、格段にうまかったという。

いよいよその翌日からは射撃訓練、演習訓練が始まった。辻堂の練習用地は砂浜である。その砂浜の上をある時は這って、ある時は走らなければならない。そのうちに、靴の中に砂が遠慮会釈なく入ってくる。考えてみれば、伊豆の海岸には砂浜がなかった。また伊豆では靴をはいたこともなかった。新兵はこの三ケ日間、靴に侵入してくる砂と戦わなければならなかった。

✢乗艦訓練

このようにして、五ヶ月間に及ぶ新兵訓練も無事修了し、いよいよ乗艦の時がきた。新兵にはそれぞれ乗り組むべき軍艦が割り当てられた。父が乗り組むことになったのは一万四千トンの巡洋戦艦生駒であった。

大正五年一一月一日、波止場に立った彼等の前には、生駒からランチが迎えにきた。しかしそのランチは彼等新兵達を乗せて運ぶのではない。彼等新兵達には一隻のカッターが割り当てられ、それに乗船するよう命令された。しかもそのカッターが、これまで練習に使っていたのとは、比較にならないほど大きかった。新兵達はこの巨大なカッターを、沖に停泊する生駒めがけて漕いでいかなければならない。しかもそのオールたるや、これまで訓練用に使っていたのとはくらべものにならないほど太くて長い。このような大きなカッターの「ハンドルメン」（漕ぎ手のこと）となって漕ぐことは容易なことではなかった。

新兵達は号令一発のもとに、はるか沖合に停泊する生駒めがけてこの巨大なカッターを漕ぎ出した。これだけ太くて長いオールを漕ぐには、少なからぬ腕力がいる。しかしちょっとでももたもたすると、生駒から乗り組んで来た「ボットクルー」（ボートクルーの意味）の叱咤が飛ぶ。乗艦に先立って、新兵達はまずこうした厳しい洗礼を受けた。

ようやくのことで生駒の舷側に漕ぎついても、休むいとまもなく、次の命令が下る。新兵達は疲れた腕を休める暇もなく、さらに重い衣嚢をかついで舷門を登らなければならない。このようにして、彼等ははじめ帝国海軍の巡洋戦艦の乗組員となった。

父の所属する分隊は、一五センチ砲の砲員として配属された。上甲板左舷に据えつけられた八番砲。これが父の配属された部署であった。そして、五番砲手である彼に割り当てられたのは、四〇キログラムの砲弾の運搬任務であった。

当時、生駒の乗組員は総数八三三名。そのうち、将校クラスは大佐の艦長をはじめ三六名、特務士官・

准士官が一八名、兵曹などの下士官が一五三名。それに水兵が六二六名だった。つまり乗組員全体のうち、士官の割合が四パーセント、准士官二パーセント、下士官一八パーセント、残りの七五パーセントが水兵達だった。父の位は四等水兵。生駒のなかではもっとも低い位である。父の人生は、海軍を構成するピラミッドの最底辺から始まった。

五ヶ月に及ぶ海兵団での新兵訓練に引き続き、今度は実際の軍艦での実地訓練が始まった。まず艦内内部の各種の配置を学び、各分隊の受け持ち区分を頭の中に叩き込まなければならない。およそ水兵として一人前に行動できるよう、艦内のすべてのことを学びとらねばならない。下士官のもとに先任水兵がおり、それが教育指導のすべてに当たった。

そのうちに、父には特別任務が与えられた。その任務とは、軍需部からの食糧品の運搬であった。この食糧品運搬は五日ごとにめぐってきた。この作業はすでに順番が決まっていて、本来ならば、当番に当たった者が取りにゆく決まりになっていた。ところがそれがいつの間にか、もっぱら父の受け持ちのようになってしまった。

軍需部からの食糧品の運搬には、伝馬船が使われた。伊豆の漁村育ちの父は、伝馬船を漕ぐのはお手の物だった。ところが、他の水兵達は伝馬船を漕ぐのが苦手だった。なかには海軍に入って、初めて海を見た者もいた。そのため、いつの間にか、五日ごとにめぐってくる食糧品の運搬は、父の任務になってしまった。寒い風雨の日など、あまり愉快な仕事ではなかった。しかし、新兵の父はその仕事を黙々とこなした。

✝石炭運搬

乗組員にとって、もっとも苦痛な仕事は、月に一回めぐってくる石炭積みの作業であった。ということはその当時の生駒は重油ではなく石炭を燃料としていた。日本海軍が重油を燃料とする軍艦建造を試みたのは、明治三九年の水雷艇「小鷹」が最初であった。その成功を受けて、まず石炭と重油との混合燃焼装置を採用する方針が決まった。しかし大正八年二月に初めて重油だけを燃料とする駆逐艦「蜂風」が竣工し、大正一三年からは主力艦のすべてが重油に切り替えられた。父が生駒に乗艦したのは、大正五年のことであった。父達はほとんど最後の石炭積みを経験したことになる。

巡洋戦艦生駒が積み込む石炭の量は、かなりの量にのぼった。しかもその時代は、クレーンのような便利な機械は使わなかった。すべては人力を頼った。この大量の石炭の搭載が、乗組員の肩に重くのしかかった。海軍が大量の水兵を必要としたのは、この石炭積みのためだったのだろう。

この石炭積みの作業には、一つのやり方があった。まず軍艦の右舷側に一分隊と三分隊を配置し、左舷側に二分隊と四分隊を配置する。配員準備が完了すると、信号兵が「前進」のラッパを吹く。すると、これを合図に各分隊が競争で搭載にかかる。もし右舷側のスピードが勝っていれば、その分多くの石炭が搭載され、艦全体が右側に傾く。すると石炭船と艦の上甲板との距離が縮まる。距離が近くなれば、積み込みはますます楽になる。反対に、少しでも遅れをとると、艦は反対側に傾き、石炭船と上甲板との距離が遠くなる。

そこで、各分隊とも始まる前からじゅうぶんに気合をかけて、いっきに勝負をかけようとした。石炭搭載にはロープと滑車とザルを使った。ロープの先にザルを結わえつけ、そのロープを滑車に通し下の石炭船に向けて降ろす。この間の距離は一〇メートルほどあった。バラ炭がザルに積まれたところで、そのロープを二人がかりで引き上げる。腕力のない者、体力のない者は、たいてい途中でへばってしまう。あるいはザルを取り落として、せっかく積み込んだ石炭をまた石炭船に落としたりする。すると監督官から、だれだれシッカリやれとか、そんなことでは駄目だ、という叱責が飛ぶ。ひどい時には、名指しでお前はダメだから、だれだれと交代しろ、と怒鳴られ、すごすご引き下がることになる。

伊豆の農村で鍛えられた父は、こういう時は有利で、よくこのロープ引きの作業を割り当てられた。あるいは、石炭船の中でもっとも力を要する場所に、指名で配置されたりした。石炭の搭載が完了すると、全員、上甲板に戻って休憩をとる。そういう時は、分隊長から慰労の煙草が配られ、真っ黒な顔のままそれを吸いながら、作業の苦労話に花を咲かせたりした。

ところが、石炭の搭載作業はこれで終了となるのではない。石炭の搭載作業のために、最上甲板はもちろんのこと、上甲板、中下甲板、短挺甲板までが、石炭の粉塵で黒ずんでしまう。そこで今度はその掃除作業が始まる。ファイヤーメンと呼ばれる消防ホースをかかえて、その粉塵を海上に流し落とす。そして最後に濡れたところを、きれいに拭き取って、それでようやく石炭搭載作業が完了する。

このように石炭搭載は乗組員にとって、もっともつらい作業であったが、それと同時に、各分隊の士気を鼓舞する上では、またとない作業でもあった。懸命に搭載作業をしていると、だんだん自分達の側の舷側が、石炭の重みで傾いてくる。いったんこちら側に傾いてくると、その傾き具合はますます確実なものとなってゆく。乗組員が充実した勝利感を味わうのは、まさにそういう瞬間であった。こうやって農村出身の兵士は、帝国海軍の兵士として訓練されていった。

父の体力を育てたのは、西伊豆での農民、漁民としての生活であった。父の家では漁船を二隻もっていた。一隻は自分の家で使い、他の一隻は他人に貸し、船代を貰った。しかし漁船といっても、ごく小さな伝馬船で、櫓で漕ぐ和船であった。小型船だからせいぜい近海に出て、小魚を採る程度で、遠海に出ることはなかった。

機械船が普及していなかった理由は、近くには良港がなかったからである。海岸は荒磯で、大小さまざまな岩で覆われていた。だからふだんは伝馬船を岸に上げておき、漁に出るときだけ、それを海に出した。

伝馬船を使った漁には、最低三人の人手が必要だった。一人は漕ぎ手。残りの二人が網を下ろした。

一方が網の上側を下ろし、もう一方が下側を下ろした。都合三人が最低限必要だったのは、このためであった。

疎開した私は、まず櫓の漕ぎ方を教えられ、網の置き方を教わった。櫓を漕ぐには、「おさえ」と「ひかえ」があって、「おさえ」とは櫓を押すこと、「ひかえ」とは櫓を手前に引くことである。二人で櫓を漕ぐには、「ひかえ」のときは二人が一緒にひかえ、おさえの時は二人ともおさえる、そういう息の合わせ方が必要だった。

もともと都会育ちの体力のない私には、一人前の大人と一緒に櫓を漕ぐのがきつかった。しかしやがて私は櫓の漕ぎ方を憶えた。漕げるようになった時、多少は一人前になったような気がした。しかし総じて疎開中の私は労働力としては無力だった。

✢烏賊釣り

父の子ども時代から、そのあたりで盛んだったのは、烏賊釣りであった。烏賊を釣ってきて、開いて内臓を取り出し天日に干して、するめにして売り出す。これは他に現金収入の少ない農漁民にとっては、かなり大きな収入となった。

烏賊釣りのシーズンは、秋から冬にかけての時期である。この季節になると、漁民達は、夜を待って出漁した。しかも烏賊釣りは、子どもでもできる。小学生の私もしばしばこの烏賊釣りに駆り出された。学校では級友同士で、夕べは何匹つった、だれそれは何匹つったという話が弾んだ。子ども達の格は、吊り上げた烏賊の数で決まった。ここでも私は笑い者になった。

夜暗くなった海に船を出す。かなり沖合に出たところで、カーバイトに水を注ぎ、そこから出るガスに火をともす。一頃まではもっぱら、松明を使ったが、明治の末年にはこの伊豆西海岸にもカーバイトのような文明の利器が普及し始めていた。

烏賊の群れはこの灯りにおびき寄せられ、集まってくる。それをめがけて、仕掛けをおろす。仕掛けとは、長さ五センチほどの針金に烏賊の皮を巻きつけたもので、下側には釣り針が六本ほどついている。それを長い糸を使って海中に垂らすと、烏賊はこの烏賊の肉をめがけて飛びつく。それを下側についている釣り針で引っ掛けるのである。

一人ひとりこの釣り糸を手に持って、それを上下に動かしながら、あたりが来るのを待つ。烏賊がかかると、ピョイピョイと魚信が指に伝わってくる。そこを一気加勢に引き上げる。途中で引き上げるのを止めてはいけない。釣り針には、ふつうの釣り針のような「返し」がついていない。烏賊の身体に引かかるだけである。引き上げた仕掛けを逆さにすると、烏賊が仕掛けから「すとん」と外れる。釣り針に「返し」がついていないのは、この外す作業を容易にするためである。

釣り上げられた烏賊は、無念そうに墨と塩水を吐いた。顔中が真っ黒になり、頭から塩水をかぶった。その当時は、現代のようなビニール製の防水着などなかった。普段着で、汐水に濡れてもよいボロ着を着て出かけた。はたから見たら、見るも哀れな格好だっただろう。

しかし、子どもにとってこれほど面白い仕事はなかった。一晩で、二百から三百尾（烏賊は一パイ、二パイと数えた）も釣れることがあったので、最盛期には多くの子どもたちが、この烏賊釣りに駆り出された。ただ夜遅くまで漁に出て、次の日はまた朝から学校に行かなければならない。その季節になると、子どもたちは授業中、眠くなって困った。

烏賊つりは事前の準備が必要であった。作業中に釣り糸が絡まないように、浅い籠にくるくると巻いて釣り糸を納めた。釣り糸が絡まないように、柿の渋で茹で上げ、硬さを持たせてあった。仕掛けには烏賊の肉片を巻きつけ、それが外れないように赤糸で結んだ。烏賊はみかんの匂いが嫌いだから、仕掛けを準備するときには、ぜったいにみかんに触ってはいけないとされていた。事実、みかんを食べた手で準備した仕掛けでは、絶対に烏賊は釣れなかった。

✝秋刀魚漁

駿河湾には春と秋の年に二回、秋刀魚の群れが押し寄せてきた。ただ春は、ちょうど養蚕が忙しい季節で、なかなか出漁できない。その頃になると、沖合を秋刀魚の群れが右往左往しているのが、山の上から肉眼でも見えたという。

また秋の季節も、稲刈りとか麦蒔きとかで、農民は忙しい。しかし、養蚕とは違って、稲刈りとか、麦蒔きは、多少時期を遅らせることができる。そこで駿河湾の沖合に秋刀魚の群れが姿を見せると、農民達は農作業を中断して、船をくり出した。

ところが、この秋刀魚漁は船一艘ではできない。それは集落総出の漁業である。集落中の漁船が出動して、たがいに協力し合いながら、秋刀魚の大群を網の中に追い込まなければならない。そのためには、まず手船と名づけた一艘の船を決める。これはいうなれば指揮官の船である。手船は魚群を発見し、その位置、進行方向から魚群の向かう方向を見定める。そして網をつんだ船、つまり網船にどこに網を下ろし、魚群を待ち受けたらよいか指示を出す。手船の判断が間違うと、秋刀魚の群れは網を外れてしまう。そうすると、網船はカラ網をふたたび引き上げなければならない。いったん、海に投じた網は多くの水分を含み重くなる。魚群を逃し、重みを増したカラ網を引き上げるのは、漁民の士気を低めた。

だから手船に乗り組む指揮官は、よほど熟達していなければならない。そして部落中から、その手腕を信頼されていなければならない。秋刀魚の群れの大きさ、進行方向、潮流の具合、それらをすべて判断して、網を下ろす場所、タイミングをすばやく決断しなければならない。

しかも、秋刀魚の群れは、網に突き当たると、方向を反転させる。だから大きな規模の群れに出会った時は、その群れ全部を網の中に追い込んではいけない。適当なところで、群れの進行を中断させる必要がある。そのためには、群れの中途に石を投げ込み、さらにアシカという小さな白布を結びつけた綱を投じ、秋刀魚を脅し、他の方向に散じなければいけない。せっかく、秋刀魚の大群を網のなかに追い込んだのに、あまり欲張ったために、全部を取り逃がしたといったことがよくあった。このように秋刀魚漁は、指導性と組織力を要する漁法であった。

その地方では「大久保漁師」という言葉があった。ふだんは百姓仕事をしている農民達が、それ魚の群れがやってきたといって、鍬を放り出して、海に出ていくのである。いうなれば、にわか漁師の群れである。秋刀魚の群れがそっちに向かった、いやあっちだ、と大騒ぎになる。他の漁村の漁師たちは粛然と、手船の指示に従って、組織的に動くのに、大久保漁師の大騒ぎと右往左往ぶりは目立った。そういえば、疎開先の大人達はそろいもそろって声が大きかった。その大音声に怒鳴られると、子どもたちは震え上がった。

秋刀魚漁とともに、しばしば行われたのが、鰯漁であった。しかし鰯漁に手を出す家はあまりなかった。鰯の群れが駿河湾に姿を現す頃、しばしば湾内を突風が吹き抜けた。この突風に巻き込まれ命を落とすことがよくあった。それは突如として吹き出す突風にも原因があったが、それ以上に鰯網の値段が特別に高かったためである。

突風が吹き出したからといって、高価な網を捨てて逃げ出すわけにはいかない。最後まで網を引き上げようとする。そのために突風に巻かれ、命を落とした話が、よく炉辺で語られた。だから絶対に鰯網に手を出してはいけないといった決まりを持った家がよくあった。

✝軍縮時代

一六歳で海軍に入った父の将来は、順調に開けて行くかのように見えた。ところがその行く先に暗雲が垂れ込み始めたのが、大正一一(一九二二)年のことであった。この年ワシントン軍縮会議が開催され、列強間の軍艦増強競争に終止符が打たれた。その結果、アメリカ、イギリス、日本の軍艦保有量は五・五・三の比率に定められ、今後一〇年間は軍艦建造を中止することが決められた。この国際条約を履行するために、日本海軍は多くの軍艦を廃棄し、あわせて海軍軍人を整理しなければならなくなった。海軍軍人の総数の二五パーセント、つまり四人に一人、総数一万二〇〇〇名が整理の対象となった。海軍はもはや成長業種ではなく、まぎれもなく縮小業種となった。その時、父は二二歳の二等兵曹であった。

父の周りでも、これを機会に海軍を離れるものが多かった。水兵から上がった者は、兵曹長が行き止まりで、それから先の昇進の可能性はなかった。しかもその兵曹長になれる機会もごく限られていた。

しかしここで父は海軍に踏み留まる決心をした。そのきっかけは、東郷元帥の言葉だった。多くの海軍軍人は軍艦保有量が対アメリカ比で五対三に削減されたことに不満と憤りを抱いた。しかしその時、日本海海戦の英雄東郷元帥は、「軍艦が制限されても、訓練までが制限されるわけではなかろう」といった。

この時以来、日本海軍は削減された軍艦に代わって、「月月火水木金金」を合言葉に、徹底した訓練が始まった。失った軍艦を訓練の成果で補う海軍魂が作り出された。この「月月火水木金金」の発想は、一年三六五日、絶え間なく働き続ける伊豆の農漁民出身の父には、ぴったりだった。何かの見返りを考える前に、まず体を動かして働く。「月月火水木金金」は東郷元帥の言葉というよりも、伊豆の農漁民の日常そのものであった。これが父を海軍に引き止めた。

ワシントン軍縮会議は、その当時列強国間で繰り広げられていた、熾烈な軍艦建造競争に歯止めをかけるために召集された。当時の日本海軍は、戦艦八隻、装甲巡洋艦八隻からなる「八八艦隊」を目指していたが、経済小国日本には大きな重荷となった。軍縮会議の直前、一九二〇（大正九）年の海軍費は、国家予算の三〇％にまで達していた。議会は軍備縮小を求め、国民負担の軽減を求めていた。

八八艦隊の構想は、太平洋におけるアメリカ海軍との勢力均衡を念頭に構想されたものである。日露戦争の終結、ポーツマス条約の締結など、当初アメリカは日本に対しては友好的であった。ところがその後次第に中国での利権をめぐって、日本との利害対立が顕在化した。眠れる中国は、多くの未開拓の天然資源をかかえ、同時に大きな消費者市場をかかえていた。手付かずの天然資源を利用し、それで種々の商品を製造し、巨大市場に向けて供給する。これは大きな利権を約束した。アメリカは中国での利権に目をつけていた。そのアメリカにとって、同じく中国市場を狙う日本は、目障りな存在だった。

しかしアメリカはかねてから、極東、太平洋への進出の機会をうかがっていた。一八九八（明治三一）年にはカメハメハ王朝を廃し、ハワイを米国領へ併合した。さらに同年、アメリカ軍はフィリピンのマニラ湾に軍隊を送り込み、ちょうど盛り上がりをみせていたフィリピンの独立運動に介入し始めた。スペインからの独立を求める革命勢力に、アメリカはいったんは支持の構えを見せた。ところが一転して独立革命軍との連帯を拒絶し、八月には単独でマニラに駐留するスペイン軍を破った。アメリカは直ちにスペイン（フィリピン諸島の領有国）と講和交渉に入り、年末には両国間で交渉が成立した。この結果、アメリカはスペインからフィリピンの領有権を獲得した。

この間、フィリピン革命政府は代表者二人を日本へ派遣し、日本からの支援の可能性を探らせた。しかし日本政府はアメリカのフィリピン介入について、すでに局外中立の立場を表明していたので、支援取り付けはうまくゆかなかった。しかしそれでもフィリピン革命政府は、宮崎滔天、犬養毅などのアジア主義者と知り合い、いくばくかの協力を取り付けることに成功した。

その間、フィリピン革命政府は一八九九（明治三二）年一月に、マロロス憲法を発布してマロロス共和国（第一次フィリピン共和国）の樹立を宣言した。それをきっかけとして、一八九九年二月、フィリピン革命軍とアメリカ軍との間で戦端が開かれた。革命軍は日本からの武器の到着を待ち望んだが、その期待ははずれた。軍備に劣る革命軍はゲリラ戦で対抗したものの、アメリカ軍の近代兵器にはかなわなかった。かくしてフィリピンのアメリカへの併合は確定した。

こうした一連の行動が示すように、当時のアメリカは太平洋上に拠点を構築しようとしていた。小国日本は次第にアメリカの軍事力が自国沿岸に接近しつつあることを感じながらも、正面からの衝突は避けようとした。しかし一九〇六（明治三九）年サンフランシスコ市で発生した日本人学童の隔離問題に、国内は憤激の炎で燃え上がった。かねてからカリフォルニアでの日本人移民の制限、日本人に対する差別など、日本人の対米感情は悪化していた。ついにサンフランシスコで二〇〇名の学童が排斥されるとの情報が伝えられると、大きな社会問題に発展した。日米間には、かつてとは異なった雰囲気が漂い始めた。

✝新たな仮想敵国

日本海軍にとって仮想敵国はどこか。日露戦争後の世界情勢、極東情勢は大きく変わり始めていた。かつての最大の仮想敵国ロシアは、日露戦争に敗れ、ロシア革命の勃発によって、急速に国力を失いつつあった。日本海軍にとって、ロシア海軍はもはや脅威ではなくなっていた。

もはやロシアが仮想敵国でないとしたら、次はどこか。明治四一（一九〇八）年かねてから海軍大学校で海防史を講じていた海軍軍人佐藤鉄太郎は、その講義草稿を「帝国国防史論」として発表した。そのなかで佐藤は日露戦争後、日本と戦う可能性の高い国として、ドイツをあげた。

二〇世紀初頭のドイツは皇帝ウィルヘルム二世のもとで、積極的な軍艦建造策を展開していた。この皇帝は「黄禍論」を唱えたことで、歴史に名を残している。つまり日本人、中国人などの黄色人種こそが世界の災いのもとだというのである。ただしこれは彼だけの論ではなかった。また当時のドイツが災いの源と名指したのは、黄色人種だけではなかった。ユダヤ人もまた「われ等が災い」と名指しされた。

ユダヤ人はドイツ国内に住み、ドイツ人と日常的に接している。彼等の場合には、日常生活のなかに人種対立のきっかけがあった。ところがドイツとアジアははるかに離れている。なぜドイツ皇帝は黄色人種を災いのもとと見たのだろうか。その原因の一つはドイツという国の成り立ち方にあった。

ようやく一八七一（明治四）年、プロシアを中心とする国家統一を果たしたドイツは（それ以前は小国分裂の状態であった）、イギリス、フランス、オランダ、ベルギーなど西欧列強と異なって、植民地獲得競争に遅れをとっていた。すでにアフリカ、アジア等はイギリス、フランス、オランダなどの植民地と化し、ドイツが食い込む余地がなかった。そのドイツにとって、アジアでの利権獲得は、ほとんど最後のチャンスであった。

一八九七(明治三〇)年、中国山東省でドイツ人宣教師が殺される事件が発生した。ドイツはこれをきっかけに、膠州湾一帯を占拠し、翌年には清朝中国と租界条約を結び、青島(チンタオ)に近代的都市を建設し始めた。やがてこの青島は、ドイツの中国侵略の基地となった。

佐藤が警戒していたのは、この青島を拠点とするドイツ海軍であった。植民地獲得に一歩遅れたドイツは、太平洋上の小諸島、カロリン、マリアナ、マーシャルなどの領有権を獲得した。「艦隊皇帝」ウィルヘルム二世は、青島を拠点とするドイツ太平洋艦隊を編成し、そこに精鋭軍艦を送り込もうとしていた。

皇帝は国の内外から「艦隊マニア」と呼ばれ、軍事の強化、その基礎となる科学技術力の強化に強い関心を抱いていた。その当時、ドイツの科学研究開発費は他国と比して際立って高く、国内総生産の一パーセントにまで及んだ。国力二倍のイギリスでさえせいぜい〇・五パーセントに過ぎなかった。

このように海軍軍人佐藤はドイツに警戒心を抱いていたが、当時の日本政府の想定した仮想敵国はロシア、アメリカ、ドイツ、フランスの順であった。しかし大正七(一九一八)年にはその順番をロシア、アメリカ、支那に入れ替えた。さらに第一次世界大戦の結果、極東におけるドイツの脅威が薄れたのを見て、その順位をアメリカ、支那、ロシアに変えた。つまりアメリカは日本の仮想敵国として急浮上していた。

かねてから日本海軍の内部には「七割軍備論」があり、仮想敵国の軍備の七割を確保することが不可欠とする考え方である。しかしアメリカのような強国に対抗して、その七割の軍備を保つことは、経済弱国日本には大きな負担となった。だからアメリカの呼びかけたワシントン軍縮会議は、日本にとっても、軍艦建造競争に歯止めをかける絶好の機会であった。しかし他方「七割軍備論」を基準とすれば、五・五・三というアメリカ・イギリス・日本間の軍艦保有比率は、日本にとっては大きな後退であった(日本は対米比率で六となる)。海軍軍人、そして横須賀市民は轟々《ごうごう》たる不満の声を上げた。

しかし滔々たる世界の潮流には抗し切れなかった。その結果、日本は建造途上にあった軍艦の建造を中止するばかりでなく、かなり多くの既存軍艦を廃棄しなければならなくなった。廃棄の対象となったのは、肥前(艦齢二〇年)、三笠(同二〇年)、鹿島(同一六年)、香取(同一六年)、薩摩(同一二年)、安芸(同一一年)、摂津(同一〇年)、生駒(同一四年)、伊吹(同一二年)、鞍馬(同一一年)、天城(同〇年)、赤城(同〇年)、加賀(同〇年)、土佐(同〇年)、高雄(同〇年)、愛宕(同〇年)、と計画中の八隻と決められた。艦齢〇年とはすでに完成したものの、いまだ軍艦として就航していない軍艦、あるいは起工したものの、完成に至っていない軍艦を意味している。

対米比率が五対三に抑えられたことに、世論は怒りの声を上げたが、それ以上に帝政ロシアのバルティック艦隊を破った戦艦三笠が廃棄の対象となったことに怒りの声を上げた。

廃棄とはいっても、巨大な軍艦を空き缶を捨てるように捨てるわけにはいかない。解体するか、爆沈させるか、他の目的に転用するしかない。さまざまな方法が模索された。条約は廃棄の方法として、

㈠永久に沈没させる、㈡解体する、㈢標的艦に変更する、の三つの方法を定めていた。解体方法としては、鉄板を繋いでいる鋲を一つ一つ打ち抜いて、鉄板を一枚一枚はずしてゆくのが正攻法だったであろう。しかしそれには多額の経費と長い時間がかかった。

そこで大砲のような兵器類を全部取りはずし、船体を陸上に乗り上げ、その上に山のように土を盛り上げ、包み込むようにして、ダイナマイトで破壊する方法も検討された。しかしこれでは資材の再利用ができなくなってしまう。そうかといって、軍艦を海上に引き出し、爆沈させるのでは、みすみす海の藻屑にするだけである。解体にしろ、爆沈にしろ、それぞれの軍艦の戦歴を知る者からすれば、目を覆いたくなる作業だったであろう。

世論は大きく揺れた。とくに軍艦三笠の解体廃棄に対しては、世論はこぞって反対した。しかしその当時軍艦三笠は、建造以来二〇年を経過し、すでに老朽艦となっていた。そのため、当時はもはや戦艦ではなく海防艦に格下げとなっていた。おまけに座礁事故を起こし、舞鶴軍港で修理中の身であった。廃艦はもはや時間の問題だった。しかし日本海海戦の栄光は、依然として人々の心の中に生き続けていた。世論はそう簡単に軍艦三笠の解体廃棄を認めようとはしなかった。

ところがちょうどその時、ネルソン提督の指揮した軍艦ヴィクトリア号に倣って、陸上に繋留して、記念館として永久保存すべきだという案が浮上した。これで廃艦直前の三笠は解体を免れた。横須賀港の一角に繋留され、記念館として残されることとなった。このようにして、軍艦三笠はいったんは解体を免れたものの、第二次世界大戦後になって、屈辱的な解体の悲運を見舞われた。

✝軍艦三笠

つい最近まで横須賀市民の戦争体験、敗戦体験がいかに特殊な体験だったのか、気づかなかった。日本中どこでも日本人はみな同じ戦争体験をし、同じ敗戦体験をしたのだと思い込んでいた。ところがまったく偶然に、横須賀市民の体験がいかに特殊だったのかに気づかされた。一例をあげれば、軍艦三笠が戦後どのような運命を辿ったのか、それを目の前で目撃していたのは、横須賀市民だけである。横須賀市民以外の人は、戦後軍艦三笠がどのような運命を辿ったかをほとんど知らない。

軍艦三笠は伝統ある日本海軍の栄光を讃える記念碑として、戦前戦中は多くの観客を集めた。少年時代の私もその艦橋に登り、ここは東郷元帥が立って作戦を指揮したところ、ここのへこみは旅順港海戦のときにできた跡、ここは対馬沖海戦のときの跡と、それを見ながら、軍国少年の胸を膨らませたりした。

ところが敗戦となり、軍艦三笠の置かれた地区は、米軍に接収され、我々日本人は立ち入れなくなった。フェンス越しに見る三笠は、みるみるうちに姿を変えていった。まず大砲が取りはずされ、煙突がはずされ、艦橋が取り去られて、瞬く間にペタンコな、哀れな姿になってしまった。あとから聞いた話では、占領軍の一員であったソ連の将校が、「かつてソ連を打ち負かした軍艦を残しておくなぞ、もってのほか。即刻解体処分すべきだ」と主張したためだという。今にして思えば、三笠が負かしたのはロシア帝国海軍で、ソ連海軍ではなかったはずである。そのソ連将校はよほどの愛国主義者だったのだろうか。

そのうちに、あろうことか、船体全体がピンクのペンキで塗りたてられた。内部は米軍用のダンスホールに作り変えられたという。この話に横須賀市民はこぞって怒った。怒りはしたものの、その当時の占領軍は絶対だった。「えりも選ってダンスホールとは、何事だ」と涙を流して悔しがる老人がいた。

そのうちに米軍は要らなくなったのか、飽きたのか、ペタンコな船体だけになった三笠を、民間企業に払い下げた。払い下げてもらっても、鉄屑同然の三笠をもてあまし、その会社は水族館に作り変えた。元軍艦だから、舷側に丸い窓がいくつも並んでいる。船の外側にもう一枚コンクリの壁を作り、その壁と船体の間に水を入れた。そして丸穴ごとに仕切りを作り、そこに魚を入れて、それを船の中から見せるのだ。魚といっても、たいした魚ではない。せいぜい「めだか」か「金魚」か「ぼうふら」程度だった。中学生だった私はその水族館に行ったことがあるが、戦争に負けるとは、こういうことかと、子ども心に情けなかった。

私が高校一年生の年、朝鮮事変が勃発し（一九五〇年。昭和二五年）、鉄の値段が高騰しだした。そこで企業は、たいして儲からない水族館を閉鎖し、まだ残っている鉄板類を剥ぎ取って売却し始めた。哀れな姿がますます哀れになった。それとともに、市民の軍艦三笠に対する関心は急速に薄れ、かつての軍国少年の関心からも去っていった。

しかしやがて一人のイギリス人貿易商が横須賀を訪れ、変わり果てた三笠を発見して驚いた。そのイギリス人は少年時代、ヴィッカーズ造船所で三笠の進水式を見ていた。やがてその三笠がロシアのバルティック艦隊を破ったとニュースで聞き、我がことのように誇りにしていたという。

その栄光ある三笠の見るも哀れな姿を発見し、その貿易商は怒った。たとえ戦い破れたりといえども、かつての栄光と誇りを忘れ果てた日本人を怒った。そして三笠の惨状をジャパン・タイムズに投稿し、その復元と保存を訴えた。そこでアメリカ占領軍が動き出し、市民の間からも復元・保存の声が上がり、軍艦三笠の復元・保存が始まった。その頃は私はもう横須賀を離れていたので、風の便りにそういう話を耳にしただけである。復元された軍艦三笠をふたたび訪れたのは、それから四〇年ほど経ってからのことであった。

✝爆撃実験

このように戦艦三笠は数奇な運命を辿ったが、他の処分対象となった軍艦は、どうなったのか。これら軍艦はいずれも貧しい明治国家が爪に火を燈すようにして調達した軍艦だった。それを自らの手で解体することは、屈辱以外のなにものでもなかった。しかし世界の潮流が軍縮に向かっている以上、それに抗するすべはなかった。

ところがそのうち、ただ解体するくらいなら、最新鋭兵器の性能試験の標的としてみてはどうかという話が持ち上がった。当時ほとんど完成していた戦艦土佐、加賀は、その船腹に陸奥クラスの最新鋭の鋼鉄板を使っていた。そこでこの際、陸奥の一六センチ砲を実際に打ち込み、大砲の射撃力と最新鋭鋼鉄板の強度を試してみてはという案が出された。味方の軍艦を味方の大砲で砲撃する。平時ではとうてい考えられない発想であった。

しかしこれにはアメリカでの前例があった。第一次世界大戦で戦勝国となったアメリカは、敗戦国ドイツから二万二八〇〇トンの戦艦オストフリーズランドを捕獲し、これを大型爆弾で攻撃し、その性能を検査する実験を行った。時は一九二一年、大正一〇年七月のこと、場所はヴァージニア州の大西洋の沖合いであった。この日、飛行機からの五〇〇キロ爆弾と三〇〇キロ爆弾を投下し、果たして戦艦の厚い装甲を貫通することができるか否かが試された。

その結果は大型爆弾の勝利であった。ドイツ戦艦は大型爆弾の威力の前に屈した。この実験は二つの教訓を残した。たとえ強固な鋼板で覆った戦艦といえども、五〇〇キロ、三〇〇キロの大型爆弾の前では無力であること、そして何よりも飛行機が将来、軍艦にとって最大の脅威となるという事実であった。それはそれまでの大艦巨砲主義に見直しを迫る実験結果をもたらした。

このアメリカでの性能実験は当然のことながら、日本にも即刻伝わった。あたかも大正一三年とは、日本で二五〇キロの大型爆弾を搭載できる一三年式艦上攻撃機が開発された年であった。さっそくこの大型爆弾と艦上攻撃機の性能実験案が浮上した。しかし問題はどの軍艦を爆撃対象として選ぶかである。標的艦とはただ海上に浮かび、落ちてくる砲弾を待つだけの船である。それはもはや栄光輝く軍艦ではない。この屈辱をどの軍艦に忍ばせるべきか。

その時選ばれたのが、戦艦石見であった。戦艦石見とはもともと日本海海戦で日本軍が捕獲したロシア戦艦アリョールの後身であった。日本が汗水をたらして建造した戦艦ではなかった。ちなみに日露戦争の結果、日本はロシアから石見をはじめ、合計二一隻、一四万トンの軍艦を獲得した。

大正一三年七月一〇日、戦艦石見は三浦半島の先端、城ヶ島の西方一〇海里(約一八キロメートル)の相模灘に曳航された。それは陸上からでもじゅうぶんに爆撃の現場を見渡せる場所であった。両院議員、陸海軍技術者をはじめ、多くの見物人が見守るなか、上空に現れた四機の飛行艇から、それぞれ二五〇キロの爆弾が投下された。石見は四時頃艦内への浸水が始まり、五時二〇分右に転覆し、巨鯨のような艦腹を海面に現し、さらに航空機からの爆撃を受けて、五時三〇分には深さ一〇〇〇メートルの海底に姿を没した。

石見と同様、日本軍の爆撃の対象となったのが、軍艦津軽であった。津軽もまたロシア製の軍艦で、日露戦争の戦利品として日本が獲得した軍艦であった（二等巡洋艦パルラダ）。大正一三年五月二七日、それはかつての海軍記念日であった。場所は横須賀軍港の沖合いであった。航空母艦から飛来した航空機からの爆弾投下があり、さらに駆逐艦から発射された魚形水雷によって、津軽はその姿を海中に没した。

その日の横須賀市内は大勢の見物人で溢れかえった。東京・横須賀間には臨時列車が走った。学習院の生徒三〇〇名、神奈川第一中学校の生徒八〇〇名、横浜青年団一〇〇〇名をはじめ、多くの観客が殺到した。軍艦津軽は大勢の観客の眼前で、姿を消した。

石見、津軽と同様、日本が日露戦争の結果獲得した旧ロシア軍艦、肥前（もとレトヴィザン号）もまた、大正一三年七月十五日、豊後水道にて撃沈された。

このように同じ軍艦といっても、もともと外国から戦利品として獲得した軍艦の場合には、爆撃・撃沈といっても、まだ心理的負担は軽かった。また同じ日本製でも、すでに老朽化著しい軍艦の処理は、まだ抵抗が少なかった。大正一三（一九二四）年八月から九月にかけて、戦艦薩摩（艦齢一八年。明治三九年横須賀工廠で建造）、安芸（艦齢一七年。明治四〇年呉工廠で建造）の処分が行われた。両艦ともに東京湾外の太平洋上に曳航され、日本海軍の放った砲弾によって撃沈された。

しかしすでに完成まじかに迫っている軍艦の処分は、現に心血を注いで建造した人々が多くいるだけに単純ではなかった。軍縮条約が調印された時、日本は加賀、土佐という新鋭戦艦を建造している最中であった。この戦艦建造の予算案を議会で通過させるのは、容易なことではなかった。すでにその建造には多額の経費が投入されていた。しかし軍縮会議の決定を遵守するには、この二隻も建造を中止しなければならない。その結果、加賀は航空母艦に改造されることになり救われた。しかし土佐の場合には、自沈という手段が選ばれた。大正一四年二月一〇日の大阪朝日新聞は、こう報じた。

「軍艦土佐は八日午前一〇時、特務艦攝津に引かれて佐伯湾を出発し、豊後水道入り口の自沈地に向かった。九日午前一時過ぎから自沈し始め、同七時、同水道三〇〇ひろの海底に葬り去られた。右の報に接した呉海軍では、一様に同艦の悲壮なる最期を痛み、深甚の弔意を表した」。

軍艦土佐を建造していたのは、呉工廠《こうしょう》であった。多くの工廠職員は涙を流して、自沈地に曳航されてゆく土佐を見送った。ほとんど完成状態に近づいている土佐を自沈させるのである。自沈の時刻を深夜に選んだのは、人目を避けたためであろう。みすみす廃棄になる運命を知りながら進水させたのは、死んでゆく娘に花嫁衣裳を着せるようなものだと表現した者もいた。

先に述べたように老朽戦艦、薩摩と安芸は、日本軍艦の砲撃のもとに撃沈された。戦艦安芸に向かって砲弾を撃ち込んだのが、ほかならぬ当時の新鋭戦艦長門であった。安芸は明治四〇（一九〇七）年に呉工廠で建造された国産の軍艦だった。一頃まで薩摩と並ぶ日本海軍を代表する主力戦艦であった。排水量二万トン、ともに三〇センチ砲を四門、二五センチ砲を一二門備えた堂々たる主力戦艦であった。

しかし大正八、九年に戦艦長門、陸奥が建造されることによって、主力戦艦としての地位を後輩に譲った。長門、陸奥とも排水量三三八〇〇トン、四〇センチ砲を八門備えた新鋭戦艦であった。新鋭戦艦長門は、かつての戦艦安芸に向けて、その主砲を開いた。そしてかつての戦艦安芸を撃沈させた。

しかし戦艦長門にはその後皮肉な運命が待っていた。安芸を撃沈させてから二〇数年経った一九四六年、今度はその戦艦長門が撃沈される運命を迎えた。しかもその時、長門を撃沈させたのは、日本海軍の放つ砲弾ではなく、戦勝国アメリカの実験用原子爆弾であった。

アメリカは昭和二一年三月、太平洋上のマーシャル群島ビキニ環礁にて、内外の報道陣を集めて、原子爆弾の公開実験を行った。報道陣のなかにはソ連から派遣された記者も含まれていた。この公開実験には二四二艘の艦船、一五六機の航空機、四二〇〇名の人員が動員された。実験の標的となった船舶には山羊二〇四頭、豚二〇〇頭、鼠五〇〇〇匹が乗せられていた。長門も巡洋艦酒匂、旧ドイツの巡洋艦プリンツ・オイゲンとともに、爆心地近くに配置された。

その時の実験はA実験とB実験の二つに分かれて実施された。まずA実験では標的艦の上空数百フィートの大気中で原子爆弾を爆発させた。しかしこの実験では長門は沈むことはなかった。

数日おいた七月二五日の早朝、今度はB実験が行われた。この時は標的艦の真下で原子爆弾を爆発させた。すざましい衝撃が走り、巨大な水柱が立ち上がり、天空高く原爆雲が立ち上った。しかしそれでも長門は沈まなかった。その後四日半生き延び、終に浸水の末、海中に没した。しかし日本人でこの軍艦長門の最後を見届けた者は、だれもいなかった。日本からは報道陣をはじめ、関係者はだれも招かれていなかったからである。それは長門の主砲が安芸を撃沈させてから二一年後のことであった。大正八（一九一九）年呉工廠で進水してから二五年経った時であった。

✢軍縮国会

大正一一年二月七日、議会では犬養毅が延々と三〇分に及ぶ「軍縮演説」を行った。犬養は軍縮こそ「不生産的労力を生産的に向け変える」と説き、現行の二年間の在営を一年間に短縮せよと主張した。そして軍隊で慣行となっている無用な雑役を廃し、教練に集中せよと説いた。さらに軍隊用語は漢字が多すぎ、一般社会人には分かりにくい、小学校を出ただけの者にも理解できるよう改善すべきだとも主張した。

軍縮とともに、陸海軍軍人の整理が始まった。陸軍は軍楽隊の人員を削減し、正午のドン（空砲を放って正午を告げる）を廃止した。海軍兵学校の入学定員も削減された。大正九年までは三〇〇名ほどに達していた入学者は、大正一一年からはその三分の一程度に削減された。

当然のことながら、これら整理対象者の整理後の処遇が大きな社会問題、政治問題となった。その彼等には「退職特別賜金及び特別手当」の制度が定められ、勤続年数に応じた勤続賜金と転職賜金が支給されることとなった。その結果、大将クラスで一万八五〇〇円、中将、少将クラスで一万二千円から一万六千円程度、大中少佐クラスでは七二〇〇円から九五〇〇円程度、大尉クラスで四千円から五千円程度の勤続・転職賜金が入ることになった。

そのため新聞などは「退職成金」という言葉を使って囃し立てたが、その反面、かつての艦長(大佐)がいまや相場師に転身するケースも現れた。この相場師に転身した元艦長の言は、当時の状況を物語るとともに、職業生活半ばにして転身せざるをえなくなった者の心境を、率直に語っている。

「少しぐらいの一時金や恩給では暮らしが立たない。将来のことを思うと、現役軍人でさえ常に不安を抱き、仕事が疎かになることは避けられない。上官達もそれを知らないわけではないが、時の力にはどうすることもできず、目を閉じているのだ」。まさにそれは時の勢いだった。

「長い間軍人生活をしていると、ある形にはまってしまう。現役を退いても使い道がない。世の中も、「そういうえらい経歴の人は」といって敬遠してしまう。せいぜい会社の顧問となって月一〇円か十五円の顧問料を受け取る程度。それを五つも六つもやって、それに恩給を加えて食っている者が多い。少佐以下はまだ年も若く転身ができるが、大佐以上になると閣下になってしまうので、それができない。このように普通のことでは世渡りができないので、いろいろ考えた末、この仲買店に入った訳です」。

軍縮時代は軍人にとっては受難の時期であった。軍服姿で電車に乗っていると、面と向かって「税金泥棒」呼ばわりする者がいたという。この時代、町に出る時は、軍服を脱ぐ軍人が増えた。昭和に入ると、二・二五事件、五・一五事件など陸軍海軍青年将校によるクーデターが続発したが、その遠因は軍縮時代のあからさまな軍人排斥、軍人侮蔑にあったとする同時代人の証言が多くある。

大正一一年当時、二等兵曹であった二二歳の父も転職を考えなかったわけではない。しかし伊豆の農漁村と、軍港横須賀しか知らない父には、新天地を探すすべはなかった。それよりも「月月火水木金金」の海軍精神に、父は深く共感した。父の背中を押したのは、他でもない、この東郷元帥の言葉だった。自分の生きる道は海軍以外にはないと覚悟を決め、大正一二年には創設間もない潜水学校に入学した。

✢潜水艦の時代

潜水学校とは潜水艦の乗組員を養成する学校である。海軍はたえず進歩を続ける軍艦、兵器、機関に習熟した要員を養成するために、現役のまま これら専門技術を訓練する学校を持っていた。それを術科学校と呼び、砲術学校、水雷学校、通信学校、工機学校、潜水学校などがあり、新たに航空機が登場すると、飛行機操縦者を養成する学校を作った。

父はすでに水雷学校で水雷術を習得していたが(大正七年普通科水雷術練習生、大正一〇年高等科水雷術練習生）、やがて潜水艦の軍事上の価値が高まるにつれて、潜水艦乗組員としての道を歩み始めた。その当時の日本海軍は、作戦上の重点を水雷艇から潜水艦に移しているところだった。潜水艦の性能が次第に高まり、それに対する認識が深まったからである。

そこで海軍は潜水艦乗組員を養成する目的で、大正九（一九二〇）年呉に新たに潜水学校を創設した。父はこの創設間もない潜水学校に大正一二年に二四歳で入学、修了後は呂号第五八潜水艦（九〇〇トン）に乗組んだ。さらに昭和二年には呂号第二二号潜水艦（七四〇トン）、昭和四年には伊号第四号潜水艦（一九七〇トン）、昭和六年には呂号第五九号潜水艦（九〇〇トン）、九年には伊号第一号潜水艦（一九七〇トン）と、昭和一二年海軍省勤務となるまでの一〇数年間、潜水艦勤務を続けた。

潜水艦が本格的な軍艦として登場したのは、一九一四年から始まる第一次世界大戦中のことである。潜水艦開発の先頭を切ったのは、ドイツであった。当時のドイツ海軍は質量ともにイギリス海軍にはかなわなかった。戦艦同士の洋上戦では、ドイツには勝ち目がなかった。そこでドイツは次第に性能を高めつつある潜水艦（Uボートといった）に着目した。

しかし潜水艦の開発は、試行錯誤の連続であった。ドイツが最初のU一型の潜水艦を作ったのは一九〇五年のことだったが、それは実用には至らなかった。難は動力にあった。潜水艦は水上を航行するときは、ケーテン・エンジンという内燃動力を使い、潜行時には電動モーターを使った。ところがこのケーテン・エンジンの燃料はパラフィン、ケロシンだったので、濛々と白煙を上げ、簡単に敵に発見されるという欠陥を持っていた。電動モーターには大きなバッテリーが必要で、重いばかりでなく、経費がかかった。建造費の四分の一がバッテリー経費に消えた。U一号は長さは四二メートル、最高速度は水上で一一ノット、魚雷発射管は一門、搭載魚雷数は三本、乗員は一二名というごく小型のものでしかなかった。

ところがやがてパラフィン、ケロチンを使うケーテン・エンジンに代わってディーゼル・エンジンが実用化され、それを搭載した潜水艦が開発されることになった。ドイツがもっとも多く製造したUBⅢ級の場合(八八隻)、その全長は五五・三メートル、ディーゼル・エンジン二機、電動機二機を搭載、最高速度は水上一三・五ノット、魚雷発射管前部四門、後部一門、搭載魚雷数は一〇本、乗員三四名となった。

やがてドイツはこの潜水艦を使って、イギリスを海上から封鎖する通商破壊に乗り出した。通商破壊とは、島国イギリスが資源・食糧の多くを、海外の植民地に依存している点に着目し、それらをイギリスに運搬する商船を撃沈する戦略である。要するにイギリスを兵糧攻めにする策である。

この通商破壊はたちまち効果を発揮した。物資の輸入がとたんに困難となり、イギリスは窮地に立たされた。そこでイギリスはこのUボートによる海上封鎖に対抗して、Qシップを考案し採用した。本来戦時国際法では、敵国の非武装商船(軍艦ではない)を発見した時は、まずは警告を発し、乗員を全員退艦させた上で、撃沈することになっていた。また中立国の商船を発見した時は、船内点検を行い、敵国宛の戦時禁制品が発見された場合に限り、全員を退艦させた上で撃沈することが認められていた。しかしいずれの場合とも、相手商船の停止、点検人員の派遣・乗船、船内点検、点検人員の帰艦を待った上でないと、撃沈することができない。その間、潜水艦は浮上したまま、船体を晒すことになる。これは潜水艦にとってかなり危険な時間であった。

Qシップはこうした潜水艦の弱点を狙って考案された。つまり無防備な商船を装い、臨検のためにドイツ潜水艦が浮上してくるのを待機する。停船命令が出され、臨検のために小型ボートで乗組員が商船めがけて漕ぎ出すと、そのタイミングを狙って、舷側の覆いを外し、隠し持っていた大砲でドイツ潜水艦に砲撃を加える。砲撃をかわしたくとも、同輩乗組員を収容してからでなければ、潜航することができない。ドイツ潜水艦はしばしばこの詭計にかかった。イギリスの投入した偽装商船は、総数では二〇〇隻にまで達したという。

そのなかの一例として、Uボート二七がこのQシップの偽装に引っかかり、撃沈される事件が起きた。しかもその時、イギリス側はこのQシップの秘密がドイツ側に知れることを防ぐため、撃沈されたUボート乗組員の生命を救おうとはしなかった。多くの生命が波間に消えた。

海上封鎖はイギリスを苦しめたが、ドイツもまた海上封鎖に苦しめられた。ドイツもまた資源を海外に依存している点では同列であった。そこでドイツは一転して物資運搬用の大型潜水艦の開発に乗り出した。その成果が巨大な輸送潜水艦（巡洋潜水艦）ドイチュラント号の建造であった（一九一六年三月)。巡洋潜水艦はアメリカとドイツを往復し、物資の輸送に当たった。この発想がやがて第二次世界大戦中のドイツ・日本間の潜水艦による物資・人員・秘密情報の交換につながった。第二次世界大戦中、ドイツに亡命していたインド独立運動の指導者チャンドラ・ボースは、活動の拠点を日本に移そうとしていた。彼はドイツ潜水艦に乗ってドイツを出発、マダガスカル沖で待機する日本潜水艦に乗り換えて来日を果たした。

✢新兵器開発

第一次世界大戦は、新鋭科学兵器の実験場の感を呈した。タンク。もともとそれは戦場に水を運搬するための車両であった。しかし兵士達は、戦場に突如姿を現した異様な姿を見て恐れおののいた。飛行機。これまた最初は速度の遅い二葉機で、兵士は機上から爆弾を腕にかかえて下に落とした。それが瞬く間に高速となり、爆弾を胴体に着装するようになった。毒ガス。この悪魔の兵器が多くの人の命を無差別に奪ったことは、改めて説明するまでもなかろう。発明者はフリッツ・ハーバー。ドイツのカイザー・ヴィルヘルム物理化学・電気化学研究所の所長であった。毒ガスを使用するには、同時に防毒マスクをも開発しなければ使えない。彼はその両方を開発した。そのため多くの人命が失われた。ドイツ敗戦直後、彼は変装をしなければならなかった。しかし彼は一九一八年度のノーベル化学賞を受賞した。

このように世界大戦が生み出した新兵器のリストはいくらでも長くなる。潜水艦はその一つだった。この潜水艦もはじめは、半分だけ水中に船体を沈め、海上に突き出た煙突を使って、空気中の酸素を取り込み、エンジンの排気をするという、ごく原始的なものだった。乗員もせいぜい数名に過ぎない。当然のことながら、速度は遅かった。それは水上を高速で走り、敵艦まじかまで迫り、水雷を発する水雷艇と比較して機動性に欠けた。だから日本海軍ははじめは潜水艦とは呼ばず、特号水雷艇と呼んでいた。それはあくまでも、水雷艇の一変形でしかなかった。しかし次第に改良を加えて、潜水艇と改称するまでになった。

しかし日本最初の潜水艇もまた、きわめて初歩的であった。潜行中は艇長一人が入れるだけの狭い司令塔のなかで、操縦することになる。艇の操縦のかたわら、潜望鏡をのぞいたり、羅針盤を注視したり、すべての操作を一人でこなさなければならなかった。とくに困難だったのは、船のバランスを保つことであった。第一号艇は幅に比べて長さが短く（長さ一八・三メートル、幅三・六メートル、水上速力八・八ノット、魚雷発射管一、乗員一六名）、艇首を一定方向に保つのが困難だった。しかも潜望鏡は前方を見るように固定されていたので、前方は正しく見えても、横方向を見る時は外界の像が横倒しになり、背後を見る時にはまったく転倒するといった代物だった。

それでも明治三八（一九〇五）年一〇月二三日、横浜沖で行われた連合艦隊観艦式に参加し、天皇の前で実際の潜水を天覧に供した。船が水中に潜るということは、当時にあっては大評判となった。その当時の潜水艇の絵を見ると、潜行位置を知らせるために、海軍旗をつけた高い柱を立て、それを水上に突き出している。

明治四三(一九一〇)年、佐久間艇長の指揮する六号潜水艇が沈没する事故が発生した。その原因は、あまり深く潜りすぎ、排気管から海水が艇内に逆流したためである。戦前・戦中の小学校では、佐久間艇長の遺書が教科書に取り上げられていた。閉じ込められた艇内で、酸素が欠乏してゆくなかを、艇長は冷静に事故の原因、沈没後の状況を手帳に書き残していた。海軍軍人とは、死を前にしても、これだけ冷静沈着でなければならない模範として教えられた。

その遺書のなかに次のような一節がある。

「天下の人々がこの事故を誤解して、潜水艇の発展を阻害することがないよう望む。願わくは、今後研究を重ね、潜水艇の発展に全力を尽くすことを願うのみである」

この佐久間艇長の言葉が物語るように、潜水艇はいまだ実験途上にある兵器であった。それに対する信頼性は、けっして高くはなかった。この遺書には時々刻々の変化が詳細に記録されている。佐久間艇長の遺書は、まるで実験報告書のように読める。

「沈没の原因　ガソリン潜航の際、過度に深入したため、「スルイス・バルブ」を締めんとせしも、途中「チェン」切れ、手にて締めるも遅れ、後部に満水せり。沈没後の状況　傾斜約仰角一三度くらい。配電盤つかりたるため、電燈消え、電纜燃え、悪ガスを発生　呼吸困難を感ず。この悪ガスのもとに、手動ポンプにて排水に努む。沈下とともに「メン・タンク」を排水せり。電燈消え「ゲージ」見えざるも、「メン・タンク」は排水し終われるものと認む。電流はまったく使用するあたわず。電液溢れるも少々。海水は入らず、「クロリン・ガス」発生せず」。

やがて潜水艇は改造を重ね、日本海軍は大正八（一九一九）年から潜水艦と改称した。当時潜水艦改良の先頭を切ったのが、ドイツ海軍であった。戦艦保有量で劣るドイツは、潜水艦に国運を賭けようとした。一九一四年九月五日、ドイツ潜水艦U二一はスコットランド南部で排水量二九四〇トンの偵察巡洋艦を雷撃し撃沈した。これが潜水艦による軍艦撃沈の最初の例となった。これに対抗してイギリス潜水艦もまた九月一二日にドイツの軽巡洋艦（二〇八二トン）を撃沈した。さらに九月一九日にドイツ潜水艦U九によって、三隻の装甲巡洋艦が撃沈された。さらに同年一〇月一八日には、ドイツ潜水艦がイギリス潜水艦を撃沈した。これが史上最初の潜水艦対潜水艦の戦闘となった。その二日後にはドイツ潜水艦は貨物船を捕捉、乗員全員を退避させた後撃沈した。これが潜水艦による商船撃沈の最初の例となった。こうして、潜水艦の威力は確実なものとなった。

連合国側は機雷敷設、防潜網の設置、爆雷投下で、Uボートに対抗した。また潜水艦に狙われやすい単独航行を避け、数隻の艦船が固まって航行する護送船団方式を発案した。こうして護送船団方式が登場すると、ドイツ側はそれに対抗して、数隻のUボートで船団を取り囲んで、集中的に攻撃を加える群狼作戦を採用した。

その当時ドイツが最後まで回避しようとしたのは、アメリカの参戦であった。しかし一九一五年五月、ドイツ潜水艦はイギリス客船ルシタニア号をアイルランド南方洋上で雷撃し、撃沈させた。多数の乗客が溺死したが、そのなかには一〇〇数名のアメリカ人乗客（女性幼児を含む）が混じっていた。それまでアメリカは、ヨーロッパの戦争に局外中立の立場をとっていたが、沸騰する世論を政府は無視できなくなった。

さらにその上、ドイツは一九一七（大正六）年に無制限潜水艦作戦を開始した。つまり一定海域内に立ち入るすべての船舶を国籍問わず、無警告で撃沈すると宣告した。そのきっかけはイギリス側にあった。通商破壊作戦に音を上げたイギリスは、第三国（アメリカ）の国旗を掲げ、中立国を装って武器・兵力を運搬し始めた。無制限潜水艦作戦は、これに対する対抗策であった。具体的にいえば、アメリカの国旗を掲げた船舶でも、無警告で攻撃するという。アメリカはこの通告を受けて、二月三日にドイツとの国交を断絶した。そして四月六日には「民主主義と自由のために」ドイツに向けて宣戦布告した。こうしてアメリカ、イギリス、フランス、ドイツを交えた、洋上戦と水中戦が展開されることとなった。

連合国側は、軍艦、民間商船問わず、無警告で雷撃してくる海の狼に苦しめられた。ドイツの潜水艦の戦力は突出していた。ドイツ潜水艦U三五は、一九一五年から一九一八年までの間に、二二四隻、五四万トンの商船を撃沈するという驚異的な記録を上げた。とくに一九一六年七月二六日から八月二〇日までに五四隻、九万トンを撃沈し、一日当たり平均二隻強、最高一一隻も沈めたという。第一次世界大戦後の講和条約締結時に、フランス、イギリスは毒ガスと同様、潜水艦の使用禁止を国際条約のなかに盛り込もうとした。しかし国際的合意には至らなかった。

もともと潜水艦には他の軍艦と異なって隠密行動が可能なことから、海の男達が共有してきた価値観にそぐわない面があった。たしかに水面下に姿を潜め、いきなり魚雷を発し、船を撃沈する潜水艦には、海の男の価値観と相容れない部分があった。潜水艦使用を禁ずる国際条約締結の案は、こうした事情から浮上した。

だが理由はそれだけではなかった。潜水艦には敵国艦船を撃沈しても、その乗組員を救助できないという潜水艦固有の特性が関係していた。潜水艦の居住空間はきわめて限定されている。乗組員がかろうじて乗り込める空間しかない。敵艦を撃沈しても、波間に漂う敵乗組員を救助し収容するだけの空間がない。どうしても見殺しにすることになる。これもまた海の男の価値観とは相容れないことだった。毒ガスが目に見えない狼だとすれば、潜水艦は水中に潜む狼だった。その性能が上がれば上がるほど、どの国も潜水艦を恐れた。しかし毒ガスとは違って、潜水艦使用禁止の国際条約はついに成立しなかった。

もともと日本に限らずどこの国でも、はじめは潜水艦の戦略的価値をはかりかねていた。しかし第一次世界大戦中のドイツ潜水艦の活躍は、世界の目を開いた。どこの国もドイツの潜水艦技術に注目し、その技術を手中に収めようとした。戦勝国となった日本は（対ドイツ宣戦布告は大正三年、一九一四年）、ドイツ潜水艦七隻を戦利品として獲得し、その構造を徹底的に研究し始めた。

第一次世界大戦が終了すると直ちにドイツに調査団（加藤寛治少将を団長とする）を送り、潜水艦技術の獲得に乗り出した。ところがドイツの潜水艦技術を恐れた連合国は、休戦協定発効とともに、潜水艦についての一切の技術の移動・取引を禁じた。

加藤調査団はさまざまなルートを通じて、潜水艦技術を入手しようと試みた。調査団はドイツ海軍大臣に個人的に接触し、「個人契約」として、いったんは潜水艦の図面の譲渡、潜水艦将校の日本への派遣の約束を取り付けた。ところが帰国後、当時の海軍大臣加藤友三郎に報告したところ、調査団長加藤寛治の独断専行として批判され、事態の収拾に長い時間が費やされた。

日本はこのドイツから没収した七隻の潜水艦を、はるばるイギリスから本国まで運んでくることにした。それは簡単な任務ではなかった。その責任者だった海軍中将（駆逐艦艦長）の回顧談によると、ドイツが喜んで呉れた船ではなかったので、調べてみると、シリンダーに砂が入っていたり、肝心な箇所の釘が抜けていたり、全面修理をしなければ、日本までの自力航行はおろか、駆逐艦での曳航でさえおぼつかない状態だった。

しかも当時は大戦終了直後のことで、どこの造船所も手一杯で、修理を引き受ける造船所を見つけられなかった。そこでとりあえず電動機と主な機械だけ修理し、できるだけ自力での水上航行を目指し、万が一の場合には、ロープで曳航することにしてイギリスを出発した。しかも季節はあたかも冬季だった。悪天候が続き、引き綱が切れたり、座礁したり、犠牲者を出したりした。

ドイツ潜水艦を没収したのは、日本だけではない。どの国も没収した潜水艦を本国まで運ぶのに苦労した。フランスはドーバー海峡を渡るだけで、二隻を沈没させた。アメリカはとうとう本国まで運ぶことを断念した。果たして日本海軍がはるばる極東の本国まで運べるかどうか、他国は並々ならぬ関心を持って見守っていた。

日本海軍が採用したのは、二隻の駆逐艦で一艘のドイツ潜水艦を曳航する方法であった。遠路遥々、ハーリッチ（イギリス）、ポートランド（イギリス）、ブレスト（フランス）、フェロル（スペイン）、ジブラルタル（スペイン）、マルタを経由し、スエズ運河を通過し、インド洋に入り、コロンボを経由、マラッカ海峡を渡り、シンガポール、マカオ、横須賀までの長路であった。途中には地中海、インド洋をはじめ、多くの海の難所が控えていた。

どこの港でもドイツ潜水艦を一目見たいという市民で溢れた。そこでできる限り、地元民の見学を許すこととした。ペナンでは在住日本人が地元官憲から圧迫されていることを聞き、「潜水艦見学は日本人の紹介のある者」にあえて限定した。

シンガポールでもイギリス総督夫妻、要塞司令長官夫妻、日本領事夫妻、在留邦人を招待し、指揮官の乗船する日進の艦上でお茶の会を開き、横付けさせた潜水艦の艦内を案内した。またイギリス某高官が潜水艦見学を希望していることを知り、かねてから「傲岸なる彼の前に雌伏を余儀なくされていた」在留邦人と同席させることに成功している。

イギリスのポートランドを出航したのが大正八（一九一九）年二月一八日、目的地横須賀への帰港が六月一八日であった。この四ヶ月に及ぶ航海は、単に没収船の曳航だけに止まらなかった。この曳航の成功が、日本海軍の実力を世界に知らしめた。

✝「追蹤　触接」

どこの国も潜水艦の戦略的価値に、等しく強い関心を示したが、なかでも日本はとくに強い関心を抱いた。その理由は、ワシントン軍縮会議の結果、軍艦排水量を対米比率で五対三に制限されてしまったからである。この劣勢軍備をもってアメリカに対抗するために、日本海軍は次のような潜水艦作戦を打ち立てた。

アメリカ海軍が日本近海を目指すとすれば、ハワイ港からである。そこでまず航続距離の長い潜水艦九隻を、ハワイに監視部隊として配置する。アメリカ海軍が出動したら、監視部隊はその後を追跡しながら、逐次情報を後方司令部に送る。つまり「追蹤《ついしょう》触接《しょくせつ》」する。情報を受けた後方司令部は、航続距離は短くても高速で移動できる潜水艦を、アメリカ艦隊の前方に展開させ、主力艦隊に繰り返し雷撃を仕掛ける。そして日本近海に至るまでに、五対三の劣勢を均衡できるまで、アメリカ海軍の戦力を削ぎ落としてゆく。つまり軍縮条約によって蒙った戦力削減を、太平洋上の潜水艦作戦で少しずつ均衡させる「漸減作戦」を練り上げた。

こうした作戦が立てられると、それに向けての猛訓練が始まった。目標めがけて正確に水雷を打ち込むには、左右方向ばかりでなく、上下方向にも、三次元方向でのバランスを保つ必要がある。潜水艦は搭載している魚雷、燃料、食糧の重さで、微妙に左右に傾き、上下にも傾く。それを調整しながら、方向を定める。潜水艦長には、ふつう一般の操縦術の上に、さらに潜水艦独自の操縦術が必要だった。

また潜水艦は艦内スペースが限られ、多くの乗員を載せる余裕がない。一人一人の能力が操船、戦闘を左右する。些細なミスが全員の命にかかわる。そこで下士官以下の乗員にも、高い能力が求められた。水雷、機械、通信、精密機械等に精通する者が選ばれた。だから同じ大きさの駆逐艦と比較すると、下士官の比重が高くなった。駆逐艦では下士官の比率が三一パーセントだったが、潜水艦では五四パーセントに達した。

また日本の潜水艦独自の装備として、小型水上偵察機を搭載したことを挙げなければならない。世界広しといえども、潜水艦に飛行機を搭載したのは、日本だけである。それは秘かに潜水艦で相手国沿岸まで近づき、そこから小型水上機を飛ばして偵察するためである。小さな潜水艦に小型水上機を搭載するのだから、それなりの工夫が必要だった。まず胴体、プロペラ、両翼、両浮舟、方向舵などをはずして搭載し、発艦する時に改めて組み立て、水上から発艦させた。この方式を採用すれば、はるか遠いハワイ、アメリカ西海岸をも偵察することができる。日本とアメリカの間に横たわる広大な太平洋が、日本海軍に独自の構想をもたらした。

第二次世界大戦中の昭和一七年九月、伊二五潜水艦から発艦した搭載機が、アメリカ・オレゴン州を「空襲」した。それはドウリットル将軍の指揮した日本本土への初空襲（一九四二年四月一八日）に対する報復として計画された。伊二五潜水艦は八月一五日横須賀を出撃、約二週間をかけてオレゴン州沿岸に接近した。第一回目の爆撃は九月九日とも一五日とも言われてはっきりしていない。第二回目は九月二九日の夜間に実施された。各回とも七六キロの焼夷弾を山林地帯に投下した。その結果、ごく小規模な山火事が発生した。それが第二次世界大戦中日本が行った唯一のアメリカ本土空襲であった。

潜水艦技術の要は、その動力であった。水上を航行する時は内燃エンジンを使い、その間に電池を充電しておき、潜水中は電池を使った。問題はこの電池の耐久時間であった。この電池の性能が悪ければ、長時間の潜水はできない。電池の改良に日本海軍のみならず列国は心血を注いだ。このように潜水艦には当時の科学の粋が集められた。潜水学校ではこれらの技術すべてが訓練の対象となった。

作家獅子文六は戦時中、取材のために潜水学校を訪問したことがある。その時、潜水学校のモットー「質実剛健、堅忍不抜、沈着機敏、明朗闊達」のなかに「明朗闊達」が含まれていることに気づきいぶかった。潜水艦とは狭い船で、乗組員は限られた空間のなかで生活しなければならない。そこで重要なのは人間関係である。戦艦のような大きな船では、士官と水兵とでは画然と区別されていた。艦長達将校は軍楽隊の演奏するなかを、食事を取った。ところが潜水艦では艦長も水兵も同じ食事をともに取った。こうしたことは、海軍では潜水艦以外にはなかった。

結局のところ、ドイツのUボートは第一次世界大戦中、五二八二隻、一二二三万八四五七トンの商船を撃沈した。一方、Uボートもまた多くの被害を蒙った。一九一四年八月から一九一八年一一月まで、三四五隻が就役したが、そのうち五〇パーセント、一七八隻が失われた。これによって失われたのは、士官五一一名、下士官・兵合わせて四五七六名に達した。

海軍ではたえず人員を実地で訓練する必要がある。そのための仕組みが作り出された。その一つに遠洋航海があった。数艘の軍艦で練習艦隊を組み、実際に洋上で訓練しながら、世界各地を訪問し、日本の国威を発揮し、外国との国交を深めることが、その目的とされた。昭和四年度の遠洋航海では、中将を司令官として約一四〇〇名の士官、下士官が乗組み、ほとんど半年に及ぶ航海を行った。横須賀を出発し、ホノルル、シアトル、バンクーバー、サンフランシスコ、ロサンジェルスに寄港し、さらにパナマ運河を越えて大西洋側に出て、ハバナを経由して、アメリカ東海岸に達し、ボルティモア、ニューヨークに寄港し、ふたたびパナマ運河を通過して、太平洋に入り、ヤルート、トラック、サイパンなどの太平洋上の諸島を歴訪するものであった。横須賀からの出港日が七月一日、帰港日は一二月二四日。出発からほとんど六ヶ月間に及び、総航程二万五千カイリに達した。

主たる訪問地がアメリカと太平洋上の諸島であったことは、昭和四年当時の日本海軍の戦略上の標的がどこにあったかを示している。とくに熱帯航路が含まれたのは、酷暑に慣れること、そして強風と高波をあらかじめ経験しておくことに目的があった。やがて太平洋戦争が始まると、日本海軍は太平洋上でアメリカ艦隊と戦火を交え、太平洋上の島々でアメリカ兵と戦うこととなった。

海軍軍人にとって、遠洋航海は「とつくに」を知る絶好の機会だった。世界最強のアメリカを知るだけでなく、南洋の珍しい風物、産物に触れることは、好奇心の旺盛な若者達に大きな収穫をもたらした。

遠洋航海とともに海軍大演習もまた乗員訓練に欠かせぬものだった。大正一三（一九二四）年、日本海軍は太平洋上にて戦艦六隻、巡洋戦艦三隻、その他三七隻、駆逐艦九七隻、潜水艦三五隻、特務艦一五隻、航空母艦航空機数一〇機からなる大演習を実施した。それはワシントン軍縮条約以降最初の大演習であった。しかもそれまで大演習は佐世保方面で実施されていたが、この年になって初めて太平洋上で実施された。仮想敵国はあきらかにロシアからアメリカに変わっていた。

他方アメリカはその翌年、ハワイを中心に豪州、ニュージーランドなど南太平洋上で大演習を実施した。演習期間は六ヶ月に及び、世界開闢以来の規模と評された。広大な太平洋を隔てて、日米海軍はともに互いを仮想敵国に見立てて、実地訓練に励んでいた。父は太平洋上でのアメリカ海軍との戦闘を想定した訓練を受けた。

✢上級学校進学

話を伊豆半島に戻すが、伊豆半島では長年中等学校が普及しなかった。それは中等学校を作るほど、人口の集まった町がなく、交通の便が悪かったからである。しかし理由はそれだけではなかった。芹沢光治良氏が回想しているように、漁師に学問は無用というのが、その当時の漁民の抱いていた強固な信念であった。無用というよりも、それは「やくたいのない」ことだった。つまり学問は役に立たないことだった。

芹沢氏の祖父は、芹沢少年が本を読むのを極度に嫌った。ある日風呂を沸かしながら、友人から借りた本を読んでいたところ、背後から祖父がその本を取り上げて、風呂釜の火中に投げ込んでしまった。芹沢少年があわてて火中から拾い出そうとすると、祖父は今度は太い丸木を振り上げ、少年に向かって襲い掛かってきた。芹沢少年は無我夢中で家を飛び出した。

疎開中の私も、漁師に学問はいらないという話を、幾度も聞かされた。私が小学校五年生になる時、先生が「このなかに中学校を受験する者はいるか」と訊ねた。私は兄がすでに中学校に通っていたし、中学校を受験するのは当然のことと思い込んでいた。だから先生の質問に答えて手を上げたところ、クラス中の友人が一斉にはやし立てた。この予想もしない反応に私は驚いた。それほど伊豆の村では中学校進学は稀なことだった。

そのかわり中学校へ進学した者の将来に、村人は重大な関心を抱いた。だれだれは中学校を優秀な成績で卒業し、高等学校に進み、今や帝国大学の学生になった、やがて故郷に錦を飾る身になるだろうとか、あるいは親は苦労して、田畑まで売り、子どもを上級学校に進学させたのに、この頃ではすっかりぐれて、親の努力も無駄になったとか、あるいは、だれだれはあまりにも勉強したために身体をこわし、いまでは寝たきりになっているとか、そんな話がよく村人の話題となった。それはしばしば「成功者」と「没落者」の二区分になりがちだった。

天城山中に源を発し、伊豆半島の中央部を北に向けて流れ下る川がある。それが狩野川である。狩野川は三島付近で大きく左折して、やがて駿河湾に流れ込む。この狩野川が駿河湾に注ぎ込む河口の左岸に、我入道という珍しい名前の村がある。これが作家芹沢光治良氏の生まれ故郷である。この我入道の海岸には、今では「風の鳴る碑」という芹沢氏の文学碑が立っている。

「幼かりし日　われ　父母にわかれ　貧しく　この浜辺に立ちて　海の音　風の声をきいて　はるかなる　とつくにを想えり」。

これがその碑文である。貧しい漁民の生まれだった芹沢少年は、中学校への進学を夢見た。しかし現金収入の乏しい漁民には、月二円の授業料は高すぎた。それ以上に、漁師に学問はいらぬという固い信念が、越えがたい壁となった。芹沢少年は幾人かの郷土の先輩に、中学進学を希望していること、それにはだれかからの経済的な支援が必要なことを手紙で訴えた。芹沢少年の面倒を見ていた祖父母は、この無謀な試みを怒り、「やくたいもない」願望を嫌った。

しかし、こうした芹沢少年の一念が叶い、横須賀に住む海軍軍人が月に三円の支援を五年間続けてくれると返事を送ってきた。芹沢少年は小学校に駆けつけ、その手紙を担任の先生に見せ、中学校に出願したいと叫んだ。ところが出願期日はとうに過ぎ、今からでは遅いと告げられた。それに受験生はすでに受験勉強を始めており、それをしていない者が合格できるはずがないと告げた。それを聞いて、芹沢少年は大声をあげて泣き出した。あまりの大声に校長先生が驚いて顔を出した。よく調べてみると、願書の締切日はその日であることが判明し、その日のうちに願書を提出してくれた。

芹沢氏にとって、その時担任の教師の言ったことは、一生涯忘れない言葉となった。「いいか、裸足でくるのではないぞ。風呂に入って、身体をきちんと洗うんだぞ。身体検査があるからな。それからちゃんと袴をはいてくるんだぞ」。先生は親切心でそういったのだろうが、「ひけめを感じていた少年の心は、その言葉に傷ついた」。

受験当日、受験生が集まったところ、引率の先生は「なんだ、お前もきたのか」という表情をした。いかにも「お前のくるところではない」と言われているように芹沢少年には思えた。その後、芹沢氏がいかなる経歴を辿ったかは、大著『人間の運命』に詳しい。おおかたの予想を覆して、芹沢少年は三番の成績で、沼津中学校に合格した。

しかし制服を着、靴を履いて中学校に通う芹沢少年は、村人から軽蔑され、笑いものにされ、「村八分」にされた。ところがその彼が帝国大学を卒業し、農商務省の高等官に昇進した頃から、村人は改めて「郷土の誉れ」として彼に近づき始めた。しかし戦前の芹沢氏は、ほとんど我入道の実家に帰省することはなかったという。

芹沢氏はやがて農商務省の官吏を辞して、フランスに留学した。フランスで学んだのが、デュルケーム学派の社会科学であった。しかし社会科学に飽き足らない芹沢氏は、文学に将来を賭ける決意をした。そして帰国後、小説を発表し始めた。せっかく高等官にまで昇進したのに、それを辞め、小説家の道を歩き始めると、ふたたび芹沢氏は村人の軽蔑と揶揄の対象とされた。

芹沢氏は晩年に至るまで、生まれ故郷に向かって心を開くことはなかった。芹沢氏と生まれ故郷との「和解」が成立したのは、はるか後年のことであった。

我入道の海岸には、芹沢氏ゆかりの碑がもう一つ立っている。それは駿河湾を見下ろす砂丘の上に立っている。その碑文は「ふるさとや　弧絶のわれを　いだきあぐ」とある。そしてそこには八五翁とも刻まれている。彼の弧絶はほとんど一生涯にわたった。

✢錦をまとった帰郷

こうした芹沢氏とは異なって私の父は、故郷に錦を飾った。水兵は八年間の義務が終ると、海軍を辞めなければならない。父の場合だと、二四歳までである。二四歳で他の職に転身することがいかに困難か説明は不要であろう。ところがその時、父の前には、思いもかけぬ一本の細い「蜘蛛の糸」が現れた。それが「海軍兵学校選修学生」という道であった。

大正九年七月八日「海軍兵学校規則」が改正され、「選修学生」という制度が設けられた。つまり海軍兵曹長を一年以上経験し、年齢三五歳以下の者を各鎮守府から選抜し、選修学生として海軍兵学校で学ばせる制度である。こうした制度ができることによって、水兵として出発した者でも、尉官以上の将校に昇進できる道が開かれた。それは父が三等兵曹の時であった。そしてそれ以降毎年三〇名前後の兵曹長が、全国の海兵団から選抜されて、海軍兵学校の選修学生として学ぶ道が開かれた。

海軍とは軍艦の操縦術、砲術、水雷術、機関整備術、通信術など、さまざまな分野にわたる巨大装置産業である。それぞれの部署を円滑にこなせる人材を絶えず訓練してゆかねばならない。そのためには、各段階ごとに訓練の成果を試験し、適材を選抜してゆかねばならない。それは巨大な人材育成機構であるとともに、巨大な人材選抜機構でもあった。

父が三等兵曹だった大正一〇年一二月末の時点でみると、帝国海軍の現役軍人は、総数八万一九〇名だった。そのうち少尉以上の士官の占める割合は、わずか七パーセント。また兵曹、兵曹長の占める割合は二二%。残りの七一パーセントが水兵だった。ごくわずかな将校が、大量の兵士に命令を下し、訓練するには、有能な中間熟練技能者が必要である。この中間層が兵曹達であった。

一つの等級から上位の等級に昇進する際には、必ず試験があった。この試験の成績は、細かい点数として考課表という文書に記録され、その後の昇進の判断材料とされた。海軍では試験の成績が絶対であった。第一の大きな関門は、水兵から兵曹への昇進であった。すべての水兵が兵曹に昇進できるのではない。三分の二の水兵は振るい落とされ、三分の一だけが兵曹に昇進した。

第二の関門は兵曹から兵曹長への昇進だった。現在に残されている記録から計算すると、一等兵曹から兵曹長に昇進できたのは、三五%に過ぎなかった。以上二つの確率をかけ合せると、海軍に最底辺の四等水兵として入団し、准士官である兵曹長まで辿り着く確率は、一〇パーセントだったことになる。

海軍兵学校選修学生とは、この一〇パーセントの関門を潜り抜けた兵曹長から、さらに選りすぐった者である。その当時海軍兵曹長とは、全国でどれほどいたのであろうか。この約三〇名の海軍兵学校選修学生は、どれほどの母集団から選抜された者だったのだろうか。大正一〇年に選修学生に選ばれた三七名は、その年の一、八八五名の兵曹長のなかから選ばれたはずである。その確率は二％でしかない。つまり四等水兵という海軍の最底辺から出発し、兵曹長を経て、海軍兵学校選修学生に選ばれる確率は、〇・二％でしかなかった。海軍はこうした巨大な人材発掘機関となり人材選抜機関となった。

私が中学生の頃は、生徒は胸に名札をつけることが規則となっていた。私の苗字は珍しい。街中を歩いていると、見知らぬ人が私を呼びとめ、「お前のおとうさんは、よく勉強ができたなあ」と語りかけてきた。それも一度や二度のことではなかった。

この選修科を卒業すると、特務少尉となり、最後は少佐まで昇進できる道が開かれる。父はこの海軍兵学校選修科を卒業し、昭和一〇年に海軍士官となった。それは生まれ故郷では、初めての海軍士官の誕生であった。我が家には海軍士官の礼装に身を固め、ナポレオン帽をかぶった父が、年老いた祖父母とともに写った写真が残されている。それは父が生まれ故郷に錦を飾った時の写真である。

この父の栄えある帰還を祝して、村では祝宴が開かれた。そのにぎやかな席の片隅に、一人寂しげに座っている人が目に入った。それは帝国大学を卒業したものの、共産党活動のため、逮捕され獄に繋がれている人の父親だった。片や小学校を卒業しただけで、いまや帝国海軍の士官にまでなった父。農民が乏しい資金を絞るようにして帝国大学まで進学させたものの、いまや獄中にある人物。その父親にとっては、身の縮むような祝宴だったのだろう。

伊豆では天理教か共産党に「はまる」人が多かった。芹沢氏の父親も天理教を信じて、我入道の網元としての財産と地位を失った。疎開中の私は、天理教に入信し財産を失った人の話をよく聞かされた。天理教とは恐ろしいもの。これが私の幼い心に焼きついた印象であった。

共産党もそれと似ていた。帝大までいって共産党に「はまった」人のことが、よく話題となった。父の親戚にも、戦後共産党の幹部まで昇進した人がいた。天理教と共産党が共通した部分がある、と父は私によく語った。天理教も共産党も、貧しい農漁民にとっては、貧困からの脱出を約束する共通項を持っていた。農漁民は一方で同感を感じながらも、同時にそれを恐れていた。

しかし敗戦とともに、新しい時代がやってきた。戦後、帝大出身の共産党員は、農漁民の歓呼に迎えられるようにして、政界に復帰した。「これからは労働者・農民の時代がくる」と熱弁をふるう彼に向かって、伊豆の農漁民は熱狂的な拍手を送った。彼は、ごく短期間とはいえ、郷土の英雄となった。ただ「一生懸命に働いた者も、怠けていた者も、同じように平等に分配していたら、働く者がいなくなる」といって、彼を応援しない農漁民もいた。事実、彼はその後地元農漁民の票をじゅうぶん集めることができず、苦戦を強いられた。

それに対して、敗戦の結果、父は失業者となり、公職追放に会い、戦犯と呼ばれ、没落者のなかに入れられた。敗戦までは権威の象徴であった海軍服は、いまや没落の象徴となった。短剣をつるすことなく、古びた軍服姿で村を歩く父を親戚縁者は嫌い、軍服姿は止めてくれと父に頼んだ。

✢天理教信者

父の親戚の一人に、複雑な経緯を辿って、天理教に入信した人物がいた。もともとは農業をしながら紺屋を営み、木挽きといって、山から木を切り出す仕事をしていた。こうしたさまざまな仕事を組み合わせながら生計を維持することは、伊豆の農民共通の生き方であった。

ところがある時から、彼はかなりの資金を投じて定置網を買い込み、四、五〇人ほどの人を使った漁業経営に乗り出した。はじめは生まれ故郷の沖に定置網を張ったが、思うような漁獲が得られず、隣町の沖合いに転じた。それも当たらず、また別の土地に転じた。あちこち試みたものの、終に事業は行き詰まり、七、八年の後、この事業に見切りをつけた。

あとには莫大な借財が残った。しかも彼は同時に妻も失い、生まれ故郷を離れ、下田でもとの木挽き生活に戻った。元来好人物であった彼は、転居先の下田では人々に受け入れられ、次第に生活も軌道に戻り始めた。少しずつ財産が貯まり始めたが、ここでふたたび災難が彼を襲った。他人の詐術にあい、せっかく回復させた資産をすべて失い、ふたたび無一文となった。

こうした経緯を経て彼は天理教信者となり、もっぱら信仰に心を注ぐ生活に入った。その分教場の置かれたのは、小さな集落であった。分教場主といっても、それほど信者がいなかったことだろう。生活が楽だったとは思えない。敗戦後、父はその天理教の分教場主を見舞った。その後間もなく、彼はその生涯を閉じた。父は悔み状とともに、若干の香典を送った。それ以来、私はこの小集落のことが気になった。

まだ成人に達する前の子どもを二人かかえた父は、一時帰農を考えたこともあった。しかし資産の限られた故郷に、我々一家が戻る場はなかった。私は将来に対する漠然とした不安を感じながら、はるかかなたの小集落を眺めていた。それは海と山岳地との間の急斜面に、わずか数軒の家が張り付いているような集落であった。田圃のないその集落の貧しさは、しばしば村人の話題となった。それが天理教分教場主となった父の知人が、生涯を閉じた集落だった。幼い私には、貧しさとはどういうことなのかが気になった。

はるか晩年に達し、私は思い立って、車を駆ってこの小集落を訪れた。かつては孤絶していたその集落も、現在では車の通れる国道が通っていた。私は国道からその集落に入ってゆく細い道を見つけ、注意深くブレーキをふみながら、細い曲がりくねった道をゆっくり下った。そこにはいくつかの民宿が建っていた。ここにもこういう人の生活があるのかと確かめたところで、ふたたび国道に戻った。

国道に戻った私は、そこに思いもかけぬ、「旅人岬」という小公園を発見した。現代の作家の小説の一部を書き記した碑が置かれていた。そこは駿河湾を広く一望できる小岬である。その作家はこの岬でみた落日を、美しく形容していた。私も落日の時刻がくるまで、しばらく待つことにした。駿河湾に落ち込んでゆく落日は、この上もなく美しく黄金色に輝いていた。

疎開児童であった私は、この作家のように、この西伊豆の美しい景色に心を奪われた。何時間も飽きることなく、眼下に広がる海を見つめて立ち尽くしていた。しかし土地の人々は、この美しい景色を、別な目で見ていた。

芹沢氏の小説には、こういう話がある。都会から新しく着任してきた教師が、我入道の景色の美しさを賛美し、お前達は幸せだと語った時、級長だった芹沢少年は立ち上がって、「先生には風景が美しいということの意味が分からないのです」と反論したという。芹沢少年は弁当さえろくに持たず、裸足で学校に通っていた。いくら景色が良くても、村は飢えに瀕した不幸な人ばかりだった。景色が美しければ美しいほど、伊豆の農漁民の心には、ある種の屈折した感情が沈殿した。ことにたまたま訪れた都会人が、その風景の美しさに見とれれば見とれるほど、農漁民の心のなかには、都会人に対する反感が形作られた。

こうした芹沢少年は我入道の海岸に立って、「とつくに」を思ったという。父もまた「とつくに」を思ったことだろう。海軍に入ったものの、とうとう遠洋航海の機会の来なかったことを、晩年の父は悔いていた。一度でよいから外国を見たい、それはすべての人の抱く夢であろう。とくに伊豆の寒村生まれの父にとっては、生涯の夢だったのだろう。

三〇歳代の初め、私は機会を得てドイツに留学した。そこから父に手紙を書き、町の様子、生活ぶりをあれこれ知らせた。滞欧中の記念と思い、ドイツから父にマフラーを送った。父の葬儀のあと、遺品を整理していたら、その時のマフラーがまったく手付かずに残っていることを発見した。私はそのマフラーを首に巻いて、鏡を覗き込んだ。その時、私が鏡のなかに発見したのは、父の顔だった。

✝追憶のなかの母

私の母は昭和一五年四月二三日に三七歳の若さで、この世を去った。その時、兄は一三歳の中学生、私は五歳の幼児であった。育ち盛りの男の子を二人もかかえて、父は困った。そこで喪が明けるのを待つようにして、二番目の母を迎えることとなった。新しい母が来てからは、おのずと我々兄弟の実母のことは話題にのぼらなくなった。またそれとともに、母の実家、親類との交際も絶えていった。

私の記憶のなかにかすかな残影を残したまま、母の思い出はひとつひとつ姿を消していった。

その後、私は父を亡くし、それを追うようにして、兄をも失った。父は八八歳の長寿を全うしたが、兄はわずか六〇歳でこの世を去った。その結果、私以外に母のことを記憶する者は、だれもいなくなった。そのことに気づいた時、私の心になかには、かすかな狼狽が生まれた。いったい、母はどのような家に生まれ、どのような子ども時代を過ごしたのだろうか。疑問だけは浮かぶが、どれひとつ満足に答えることができない。私の持っている母に関する知識が、きわめて限られていることに、改めて驚いた。

ただかすかに記憶していることは、中伊豆の出身だったこと、下田に兄に当たる人が住んでいたことぐらいである。今にして思えば、母と私が歳月をともにしたのは、わずか五年六ヶ月であった。しかもその最初の二、三年の私は、記憶力も定まらぬ幼児だった。そうすると、私の記憶のなかに残っているのは、ほんの一、二年間だけの体験だったことになる。事実、私が記憶している母にまつわる出来事は、すべて昭和一四年頃から一五年四月までに限られている。この一、二年という短期日に私が体験したことが、母の記憶のすべてである。このことを書き残さなかったならば、母に関することは、すべてこの地上から消え去ってしまう。

兄の葬列に並びながら、ふと思った。この私とてもいつ兄と同じ運命を迎えないとも限らない。そうだとすれば、今のうちにできる限り、母に関する事実を調べ、私の記憶を書き残しておく必要がある。それは私に課せられた責任であり、義務でもある。そんな気になり始めた。

しかし、そう思いはしたものの、母のおいたちを辿ることは、それほど簡単ではなかった。まず一番よく知っているはずの父が、母の生い立ちをほとんど語らなかった。母の両親は、当然すでになく、母の兄弟姉妹もまたすでにこの世を去っていた。母と兄弟同様に育てられた母の甥が、かなり後まで我が家と交際があったが、その人もすでに数年前に亡くなっていた。あの叔父だったならば、何か知っていたはずだと思うが、今となってはどうにもならない。

そこでわずかばかりの記憶を頼りに、幾人かの親類縁者に尋ねてみた。しかし、すでに代が代わっていて、母のことを直接知る人はだれもいなかった。それも当然のことであろう。すでに七〇年近くも以前に亡くなった人のことを記憶している人はいない。母自身、かりに今生きているとしたら、一〇〇歳を超えている。

ただそんななかでひとつ、母の生まれた家が中伊豆の下大見にあったということを教えてくれた人がいた。この地名を耳にした時、なにか初めて聞く地名とは思えなかった。そこで地図を広げてみると、修善寺から二キロほど東に入った所に、その地名の村があるではないか。修善寺からしばらく行った所に、母の生まれ故郷がある。そのことを知った時、私の心のなかには、幼い日のある記憶が蘇ってきた。

幼い私は、母とともに長い旅をしたことがあった。今から考えてみると、それはどう考えても、昭和一三年のことである。つまり、私が四歳のときの記憶である。ある日、母は私を連れて、伊豆に旅立った。当時、私達一家は横須賀に住んでいた。横須賀から伊豆へ行くには、横須賀線でまず大船に出る。そしてそこで東海道線に乗り換え、三島まで行くことになる。幼い私は初めての汽車の旅にはしゃぎ、大船から三島までの駅の名前を片っ端から覚えていった。

しかし三島から先の記憶がはっきりしない。かすかに覚えているのは、どこからかタクシーに乗り、その行き着いた先に親戚か知り合いの家があったということだけである。晩年になって、私は父にこの話をし、幼い私が母とともに訪れた家はどこだったのか尋ねた。その時の父の答えはあいまいであった。私のなかには、「あれはどこだったのだろうか」という漠然たる疑問だけが残った。

✢母の苦労

この私が、母の身の上をあれこれ聞かされたのは、疎開中のことであった。戦争中、私は伊豆の西海岸にある父方の親戚の家にひとり疎開をした。小学校四年生から五年生にかけてのことである。そこで私は母親の話を聞かされた。それらの話は、横須賀の家では一度も聞いたことのない話ばかりであった。父もまた私には語らなかった話であった。

いろいろな人が、入れ代わり立ち代わり、私に語ったが、「あなたのお母さんほど、若い時、苦労した人はいない」ということでは、すべて一致していた。「若い時にさんざん苦労し、せっかくこれから楽になるという時に、亡くなってしまって」という話しを聞くにつれ「母の苦労」が気になった。この疑問は長年にわたって、私の心のなかに沈殿し続けた。

しかし、母の出身地となると、田舎の人々の話は一致しなかった。ある人は三島といい、ある人は大仁といい、ある人は田京だといった。しかし、私の記憶が正しければ、下大見という話は一度も出たことはなかった。この地名を耳にしたのでは、はるか後年になってからのことである。だが、三島にしろ、大仁にしろ、田京にしろ、お互いにそう離れてはいない。ともかく、母の生まれ故郷はあの辺りにあったのだろうと、漠然と思うだけであった。

下大見という地名を聞くとともに、私は幼い時、母とともに長い旅をしたことを思いおこした。その時の記憶は、長いあいだ私の心のなかに閉じ込められていたものだった。私自身、この旅を自分だけの記憶として、心の奥底に仕舞い込んでいた。なにしろ、新しい母が来てからは、我が家では最初の母のことを語ることは、まったくなかった。それは新しく我が家にきた二度目の母に対する遠慮であり礼儀であった。

そこである日、私はひそかな期待を抱きながら、この下大見に出かけてみた。三島から国道一三六号線に乗り、下田を目指して南下すると、やがて修善寺橋にぶつかる。その道を直進すると、道路は天城峠を越えて下田に達する。しかし、修善寺橋を左折すると、道路は狩野川の支流である大見川の流域に入る。私は修善寺橋を左折して、この大見川の流域に乗り入れた。

一三六号線は多くの車で混雑を極めていたが、大見川沿いの支道に入ると、車の数はめっきり少なくなった。辺りの景色も、それまでとは大きく変わった。三島から修善寺までは、ほとんど家並みが絶えないが、大見川沿いに入ると、豁然とした農村風景に変わった。川の両側にやや小高い丘が開け、そのあちこちに農家が点在している。その光景を目にした時、私の中には不思議な感情がこみ上げてきた。この景色は初めて見る景色ではない。どこかで見たことのある景色である。

私のなかには長年、「あの時、母とタクシーに乗っていったところはどこだったのだろうか」という疑問がわだかまっていた。ところが、この下大見の風景を目にした時、「四歳の私が見た景色は、これだったのではないか」という確信のようなものが沸き上がってきた。それまで、私は下大見に足を踏み入れるのは、これが最初だと思い込んでいた。ところが、そうではなかったのだ。幼い私はタクシーのなかから、すでにこの光景を目にしていたのだ。そうでなければ、こんな感情が沸き出してくるはずがない。

恐らくその時、母は四歳の幼い私をともなって、三島から駿豆鉄道に乗継ぎ、修善寺まできたのであろう。そしてそこからタクシーを雇い、この下大見のどこかの家にきたのであろう。修善寺から下大見までは、ちょうどタクシーを必要とするほどの距離である。おぼろげな記憶ではあるが、あの時の距離感といい、辺りに広がる風景の感じといい、それ以外には考えられない。

もしそうだとすれば、この景色のどこかに、私達母子が訪れた家があるはずである。私の頭のなかには、私達親子が訪れた家の恰好やたたずまいが、かすかな記憶としていまだに残っている。それを自分の目でもう一度見れば、何かを思い起こすのではなかろうか。はるか長い時間をかけて、車を駆ってきたのは、そういう期待があったからである。

しかし車から降り、あちこち歩いてみたが、とうとう私の記憶にある家を発見することはできなかった。考えてみれば、七〇年もたてば、道路も変わり、家のつくりも変わる。下大見の集落には、もはやかつての農家を思わせる家はほとんど見当たらなかった。どの家も最近手を入れた跡が歴然としていた。

昭和一三年といえば、母の両親はすでに死亡している。母の兄は、下田に住んでいるが、それ以外の姉妹はすべて東京に出ていたことになっている。そうすると、あの時訪れた家は、両親の家でもなければ、兄弟姉妹の家でもない。それはどこかの家だったはずである。この「どこかの家」と「若い時の母の苦労」とはどう結びついているのだろうか。

実をいえば、疎開中の私は「母の苦労」の断片を聞かされていた。それによると、ともかく母の実家には、何かの異変があったらしい。「母の苦労」はこの一家の「異変」と関係しているらしい。いったい、母の一家にどんな「異変」があったというのであろうか。生前の母は私にそのような話は一切しなかった。父もまた語らなかった。

それに不思議なことに、私には母の両親、つまり母方の祖父母の記憶がほとんどない。ふつうならば、子ども達は「田舎のおじいちゃん、おばあちゃん」のことを、よく覚えているものである。現に私は父方の祖父母のことは、よく記憶している。ところが、母方の祖父母のことになると、ほとんど記憶がない。

たしかに母がこの世を去ったのは、私が五歳のときだった。そのために、母方の祖父母と顔を合わせるいとまがなかったのかもしれない。それに二度目の母を迎えてからは、最初の母の親戚との交際も途絶え、その人達のことは次第に語られなくなった。だから、私の記憶のなかに、母方の祖父母のことが消えていても、それは当然のことだろう。それにしても、母方の祖父母の顔さえ記憶がないということは、どうしてなのであろうか。そのうえ、長らく私は、祖父の名前さえ知らなかった。いったい祖父はどういう人だったのであろうか。

父が亡くなった時、位牌を整理していると、思いもかけず、この祖父の位牌が出てきた。それを見て、私は初めて祖父の名を知った。そこで下大見を訪れた時、私は町役場に出向き、私の身分を説明し、祖父一家の戸籍を調べてもらった。それとともに、祖父一家のことを知る人が数名まだ生存していることを知った。これらの人々の口から、少しずつ祖父の話を知らされ、それとともに、母の家に起きた「異変」を知るようになった。私が長年疑問に思い続けてきた「若い頃の母の苦労」なるものを知ったのは、このようにしてのことであった。

✝生家の没落

母の家に起きた「異変」とはこういうものだった。母の実家は代々下大見に住む大きな地主であった。その屋敷には蔵が四つも立ち、年貢米は七〇〇俵にも及んだという。そこの当主は代々同じ名前を受け継ぎ、その辺りの庄屋を勤めていた。そのことを偲ばせるものは、いまでもこの下大見の土地に残されている。例えば、部落の一角には、天明戊申八(一七八八)年と銘された古い法界塔が立っている。これは何代か前の母の生家の当主が寄進したものとされている。さらに、その近在では古刹と聞こえた寺院には、文久二(一八六二)年という年号の刻み込まれた古い塔が立っている。ここにも、寄進者のひとりとして、かつての当主の名を発見することができる。

下大見の土地を訪れた私は、母の実家の先祖伝来の墓地に案内された。その墓地は昔の基準からみても、けっして狭いものではなかった。この広い墓地には、何代も前からの当主の墓が立ち並んでいる。その大きさもさることながら、もっと目を引いたのは、その墓地の一隅に立つ「妙法無縁精霊」と刻まれた一つの小さな墓である。この墓は、かつていずこからともなく、この下大見の土地に流れ着き、この地で生涯を閉じた人達の墓だという。つまり、先祖は庄屋として、こういう人々の保護に当たり、その没後は自分達の墓地の一隅に、家族同様、手厚く葬っていたのである。

ところが祖父の時代になって「異変」が生じた。古くから伝わる大地主の家に生まれた祖父は、放蕩に継ぐ放蕩を重ね、先祖伝来の土地、財産、家屋敷を、彼一代にして使い果たしてしまったという。戸籍によると、祖父は明治二三年にその父から家督を相続している。しかし早くも六年後には、その家督を自分の長男に譲り、退隠している。その時、祖父は三四歳。家督を譲り渡した彼の長男とは、まだ九歳の子どもでしかない。

三四歳の成人男子がわずか九歳の長男に家督を譲り、隠居するということは、どう考えても尋常ではない。おそらく、次々と先祖伝来の土地を売り払う祖父をみかねて、親戚縁者が祖父を戸主の座から外し、九歳のその長男を戸主の座につけたのであろう。この事実は想像してみると、きわめて異常な事態である。その頃には、祖父の放蕩の被害が親戚縁者にまで及び始めたのであろう。祖父は周囲の人々からは爪弾きになったのであろう。代々庄屋を勤めた豪農一家の没落は、その辺りでは、大きな話題となったはずである。それとともに、親類縁者はさぞかし肩身の狭い思いをしたことであろう。

その結果、かつての豪農はたちまちにして没落し、ついには家屋敷まで人手に渡ってしまった。住むべき家を失った母一家は、その後どうしたのであろうか。私はかつて母が幼い頃、一家で北海道に渡ったという話を聞いたことがある。おそらく、下大見では暮らすことができなくなって、一家は北海道に新生活を求めたのであろう。それでは、それはいつ頃のことだったのであろうか。

ある日、我が家に残された古い写真を整理していたところ、母のごく幼い頃の写真が一枚出てきた。

この写真は私が結婚する時、父がそっと私に手渡しくれた一束の古い写真のなかにあった。その一束の写真とは、すべて私の実母に関係するものであった。どこかのアルバムからひき剥がしたものらしく、裏にはアルバムの台紙の破片が付着したままだった。新たな母を迎えることとなった父は、この写真をアルバムから引き剥がし、新しい母の目に触れぬ場所に保管していたのだろう。写真の裏に付着した台紙の断片が、その慌しさを物語っていた。

この幼い母の写真の裏には、「明治四一年八月、石狩国空知郡金山沢にて」と記されている。これが北海道にいた頃の母の写真なのであろう。明治四一年八月といえば、祖父はすでに四五歳に達していた。四五歳といえば、けっして若くはない。その当時の常識からすれば、初老といったほうがふさわしい年齢である。すでに盛りを過ぎた初老の父親にひきいられて一家は、はるばる未知の地、北海道までいったことになる。

この写真に写っている母は、ごくあどけない顔をしている。明治四一年八月といえば、母が五歳になった時のことである。もしかしたら、この写真は母の誕生日の記念写真なのかもしれない。しかし、この北海道生活も長くは続かなかった。わずか一年ばかりで、一家は北海道を引き払ったという。その後、一家がどこに戻ったのかは不明である。

ただ一つ確実なことは、その頃から母ひとりだけが、親兄弟から離れて、伊豆の西海岸にある土肥の親戚に預けられ、そこから小学校に通ったという事実である。おそらくその頃には、一家は離散の状態だったのであろう。母は土肥でどのような生活をしたのであろうか。親戚の家とはいえ、やはり他人の家であることには違いない。

戦争中、私が疎開をした所は、この土肥の隣り村であった。そこの人達はしきりに、母が子どもの頃から、苦労に苦労を重ねて育ったと、私に語っていた。しかしどんな苦労をしたのか、その具体的なことは何も話さなかった。もしかしたら、少女時代の母の暮らしを、この人達は知っていたのかもしれない。ただそれを私に語らず、すべてを「苦労」という一語で代表させていたのかもしれない。

やがて、母は土肥から下大見に移り、今度はそこの高等小学校に通い、そこを卒業したという。どういういきさつで、下大見に転校したのか、これまた不明である。しかし、生まれ故郷の下大見に戻っても、そこに両親一家があるわけではない。祖父はすでに下大見の土地には寄りつけなくなっていた。たまに姿を現す時は、他人から金を借りるためだけだったという。祖母もまた、各地の親類縁者を頼り、そこに寄食するような生活を送っていたという。その頃、母の両親は下大見にはおらず、またおれる状態ではなかった。

それでは子ども達はどうしたのであろうか。母が一〇歳の時、長兄はすでに二六歳に達していた。また一番上の姉は三〇歳、二番目の姉は一九歳に達していた。つまり母以外の子ども達はすでに成年に達し、彼等にはそれなりの生活があったのであろう。ただ母だけが、まだ小学校に通う年齢にあった。母はひとり、肩身の狭い思いをしながら、あちこちの親類縁者に預けられながら、他人の家から小学校に通ったのであろう。

下大見の土地では、祖父の評判が高かろうはずがなかった。おそらく母は、「親がだらしがないから、子どもが苦労する」といった話しを聞かされながら、子ども時代を過ごしたのであろう。母は小学校を卒業するとともに、追われるようにして、この下大見の土地をあとにしたのではなかろうか。

こうした話をつなげてみると、そこから浮かび上がってくるのは、他人の家を転々とさ迷う少女の姿である。行く先々の家でどのような待遇を受けたのか、それを知る手がかりはひとつもない。ただ「あなたのおかあさんほど、苦労しながら、育った人はいない」という話の中から想像するしかない。しかし、預けられた先で歓迎されたとは、とうてい考えられない。没落した家の少女をよろこんで受け入れる家があろうはずがない。そればかりでなく、祖父は親類縁者に少なからぬ迷惑、もしくは被害を与えていたのである。そんな家の子どもの面倒をみる必要はない、と断られても、当然だったのであろう。

晩年に達し、私は母の生まれ故郷を、父に尋ねたことがあった。しかし、父の口から下大見という地名が語られることはなかった。中伊豆あたりだったのだろうと、漠然と語るのみであった。しかし、晩年になって下大見を訪れた私は、幼い時の母のことを知っている九〇歳近い老人に出会った。その老人は母が海軍さんと結婚したということを、はっきりおぼえていた。そして、結婚した二人はこの土地を訪れたとも語った。つまり、父はこの母の生まれ故郷を知っていたのだ。そして、自分自身、結婚したばかりの母とともに、この土地を訪れたのである。

しかし、父はこの母の生まれた土地を、自分の息子には一度も語らなかった。この土地のことを言い出せば、祖父のことを語らねばならなくなる。父からすれば、息子には告げたくないことだったのであろう。

小学校を卒業した母は、東京に出て、裁縫学校に通った。すでにその頃は、母より一六歳年上の長兄が働いていた。母に学資を出したのは、この長兄だったという。やがて、母は紹介する人があって、私の父と結婚した。大正一四年一二月一〇日のことである。その時、父は二五歳、母は二二歳だった。この父との一五年間の結婚生活で、二人の子どもをもうけ、その間に夫は海軍士官に昇進した。

その母が昭和一三年、四歳の私をともなって、伊豆に旅立った。母は修善寺からタクシーを雇って、下大見のどこかの家先まで乗り着けた。その家とは、母がかつて世話になった家だったのであろうか。小学校卒業以来それまで、母がこの生まれ故郷を訪れたとは、どうしても考えられない。先祖伝来の大地主の財産を一代にして使い果たした放蕩児の一家。親類縁者にさんざん迷惑をかけた一家。それを受け入れる余地が、この土地にあったとは思えない。

しかし、それ以来幾年かの歳月が流れ、今や母はまがりなりにも海軍士官の妻となっていた。この時、母はかつて追われるようにして後にした生まれ故郷に、ささやかな錦をまとって帰郷したのである。しかし、母にとって二度目の帰郷は訪れなかった。それから一年半後、母は病いを得て、一ヶ月にもならない入院生活の後、この世を去った。母が幼児の私をともなって伊豆に旅した昭和一三年とは、私の兄が小学校六年生の時に当たる。その当時、父も母も兄の中学受験で頭が一杯だった。その受験を控えた兄を残し、ただ私だけをつれて、長い旅に出ることは、いまにしてみれば、不思議な気がする。

いったいあの時、母が伊豆への旅を思いたった理由は何だったのであろうか。もしかしたら、自分の死期をすでに予感していたのか、などと想像をしてみることもある。あるいは、この幼い私の記憶のなかに、自分の生まれ故郷の山河を刻み込んでおきたかったのではなかろうか、そんなことを考えることもある。さらにはまた、自分からはけっして口にしなかった「若い頃の苦労」に、いつの日かこの私が辿り着くことを、母は期待していたのではなかろうか、と思うこともある。

それから幾一〇年にわたる歳月が流れ、この私は母の実家があったという跡地に立った。かつては蔵が四つも立っていたという屋敷跡は、いまやごく平凡な畑になり変わっていた。母の実家の屋号は富士見といった。事実、そこからははるかに美しく富士山を望むことができた。おそらく、幼い母はこの富士を見ながら、子ども時代をすごしたのであろう。その富士に私は最晩年にして、ようやく対面したことになる。

✝母の死

母の死はあっけなかった。病因は肺結核であった。ある日、寝台車が迎えに来て、担架に乗せられて母は入院していった。それを見送る近所の人達は、「あんなに車が揺れて、病人に障らなければよいが」とつぶやいた。でこぼこした道を揺られながら遠ざかってゆく車のシーンは、いまだに思い起こすことができる。それからぽつんと私一人だけ家に残る日々が続いた。

ある日のこと、知り合いの家の奥さんが、私を母の病院に連れて行ってくれるという。肺結核は伝染病で、子どもを近づけてはならないとされていた。だから入院後は、私は母の顔をまったく見ていなかった。その病院に今日は私を連れて行ってくれるという。病院に到着し、母の病室に近づくと、ちょうど中から看護婦さんがでてきた。その奥さんはささやくように母の容態を尋ねた。看護婦さんは首を横に振った。病室のドアを開ける前に、その奥さんは「今日はちょっとの間だけですよ」と私に告げた。

病室では父、医者、看護婦に囲まれるようにして、母がベッドに横たわっていた。母は私の顔を見るやいなや、懸命になって手を差し伸べ、私の名前を繰り返し叫んだ。父の顔がゆがんでいた。しかし母の枕元に近寄る間もなく、幼児の私はすぐ部屋を出されてしまった。それが母を見た最後であった。母は最期まで、私の名を叫び続けながら亡くなっていったという。

母の墓葬は父の生家のある伊豆で行われた。はるか遠く美しく富士山の見える五月晴れの日であった。母の骨壷が納められてしまうと、父は私の肩に手を置き、「あの富士山をよく覚えておきな。お前は大きくなったら、あの富士山のような立派な人となれ」といった。

子ども時代の私は、よく他人から「お母さんのことを憶えているか」と尋ねられた。その度ごとに、私は幼さを装いながら、「憶えていない」と答えることにしていた。こうした装いは一生涯、私から消えることがなかった。新婚間もない頃、妻は「お母さんが亡くなった時、どう思ったの」と尋ねた。この問いに私はとっさに「せいせいした」と答えた。その答えに妻は怒った。そして長い結婚生活を通じて、二度と同じことを尋ねることはなかった。

母の死に、思春期に差し掛かっていた兄は、深い心理的な打撃を受けた。私には兄の心中が分かりすぎるほど分かった。しかし兄もまた、母のことを話題とはしなかった。はるか後年になり、二人とも四〇歳を越えた頃、兄と食事をともにしたことがあった。いろいろ話しているうちに、兄はポツリと「母親が生きていてくれれば」とつぶやき、私の顔をじっと見た。私は肯定も否定もせず、ただ黙ったままでいた。そうした私の様子を見て、兄は二度と母のことに触れることはなかった。とうとう兄とは生涯、母のことを話すことはなかった。あれが最初にして最後の機会だった。

それ以来、幼くして母を失ったことを私は他人にはほとんど語らずにきた。しかし例外は二回だけあった。一回目は三児を残したまま妻を失った友人が、再婚話の相談に来た時であった。幼くして母を失った私達兄弟が、どのような思いを抱きながら、その後を生きてきたのか、ありのままを語った。その友人は、とうとう再婚はしなかった。もう一度は二児をかかえながら、生きる望みを無くしたという四〇歳代の女性が相談にきた時のことだった。子どもにとって母親がどれほどかけがえのない存在か、母親を無くした子どもがどのような思いを抱きながら生きてゆくのか、私達兄弟の例を挙げて話をした。その女性は黙ってそのまま帰っていった。その後、彼女からは何の便りもない。

✣敗戦後

終戦を迎えたのは、この伊豆の小寒村であった。その時の私は小学校五年生。戦況が時々刻々と悪化してゆくのが、子ども心にも分かった。サイパン島が陥落し、米軍はそこに飛行場を建設しているという。飛行場が完成すれば、B29という巨大な爆撃機がやって来る。そうなると、日本各地が空爆される日がくる。空襲とはいったいどういうことなのか、すべてが未知の世界であった。

昭和一九（一九四四）年一一月一日、とうとうそれが現実のものとなった。澄み切った秋空の日に、駿河湾の上空にB29が一機だけ姿を見せた。それは巨大な飛行機としてではなく、一本の飛行機雲となって姿を見せた。その飛行機雲の先端に、きらりと光る小さな点が、巨大爆撃機だと言われても、にわかには信じられなかった。そもそも飛行機雲をみたのが、はじめてであった。成層圏を飛行機が飛ぶと、あとに飛行機雲ができるということなど知るよしもなかった。

その日の駿河湾上空は晴れ渡っていた。富士山がくっきりと姿を見せている。その富士山をめがけて飛行機雲がぐいぐい伸びてゆく。「この神国がアメリカの飛行機に汚される日が来たのだ」と涙声で叫びながら、半鐘を激しく打ち続ける大人がいた。半鐘を叩いていた棍棒が、やがて磨り減り、ついには粉々になって砕け散った。

しかし我々小国民は、やがては日本空軍機が舞い上がり、米機に向かって勇猛果敢な空中戦を仕掛けるものだと信じていた。この澄み切った青空のなかを、B29が火達磨になって墜落してゆく場面を、戦意高揚映画で見るような気分で期待していた。

ところがいつまで待っても日本機が舞い上がる気配が見えない。B29は悠然と富士山を飛び越えていってしまった。子ども達は大人に向かって騒いだ。「どうして日本の戦闘機は飛ばないのだ」。ある大人が小さな声でつぶやいた。「日本にはもう飛ぶ飛行機がないのだ」。子ども達はいっせいに叫んだ。「そんなはずはない。そんなことをいう奴は、アメリカのスパイだ」。結局その日のB29は東京上空を偵察し、また来た時のように、はるか上空を飛行機雲を引いて帰っていった。

それからしばらくしてから、連日のように無数のB29の編隊が、砂粒を撒き散らしたように、伊豆の上空に姿を現すようになった。B29の編隊にとっては、富士山は格好な目標となった。どの編隊もまず富士山を目がけて北上してくる。そして富士山の上空で、右に曲がるか、左に曲がり、その日の目的地を定めていった。我々疎開児童はそれを下から見上げながら、富士山の手前で右に曲がれば、東京、横浜がやられる、左に曲がれば名古屋、大阪がやられる、今日はどちらに曲がるのかと、占うような気分で見ていた。

沼津が空襲を受けたのは夜間だった。沼津辺りの上空が、真っ赤に燃え上がった。静岡の時もそうだった。名古屋が空爆を受けた時は日中だった。ラジオ放送は「東部軍管区警報発令、東部軍管区警報発令、敵B29の編隊は目下名古屋地方を空爆中」と報じた。しばらくすると、伊豆上空の空が急に曇りだした。やがて太陽が暗赤色に変わり、夜間のように暗くなった。

都市が空襲を受けるようになると、被災者が伊豆に落ち延びてくるようになった。顔はすすけ、着る物はボロボロ、今にも倒れそうになってふらふらしながら、落ち延びてきた。皆船原峠を徒歩で越えて西海岸に辿り着いたという。被災者がよく食物を求めて村に姿を現した。それを「気の毒に」といって食物を恵む人ばかりではなかった。「さんざんぱら都会でいい思いをしてきて。いい気味だ」と邪険に追い払う村人もいた。都会に育った私には、そういう台詞に心が痛んだ。

日本に抵抗力が無くなった段階には、駿河湾に潜水艦が入ってきて、対岸の清水の町に艦砲射撃を加えた。その砲声はふだん聴く音とは違って、駿河湾全体に殷々と響き渡った。そして八月に入ると伊豆半島の近くまで航空母艦が接近し、そこから発進した一人乗り戦闘機が、目の前をかすめ飛ぶようになった。なかには我々の眼前で、胴体を左右に振り、上下動を繰り返し、アクロバット飛行をする戦闘機もあった。

私は一瞬だったが、そのなかの一機の飛行士の顔が見えた。それら戦闘機の乗組員は、いずれもはたち前の青年であったことをあとで知った。はるか後年、ベトナムの集落を空襲したフランス青年を描いたフランス映画を見たことがある。戦闘機で突っ込んで行ったところ、地上にいる少女とまともに目が合ってしまい、それが原因で心を病んだ青年の物語だった。

戦後、しばらくニューヨークの摩天楼の間を、アクロバット飛行を試みる、かつての青年空軍パイロットが出現した。ビルとビルの隙間を飛び抜けようとして、しばしば摩天楼に衝突した。それで命を失った青年もいたが、なかには運よく、衝突した瞬間に、ビルのなかに放り出され、命を落とさずにすんだ青年もいた。私が顔を見た青年は、その後どうしたのかと思ったりする。

八月一四日の晩は、物音一つしない静かな晩だった。村人はみな家の外に出て、明日の玉音放送の内容を、あれこれ推測していた。その晩は、たくさんの流れ星が流れ落ちた。流れ星にも、一気に流れてすっと消える星ばかりでなく、何段階かで輝きを強めたり弱めたりしながら落ちてゆく流れ星があることを知った。時期からみて、おそらく獅子座かどこかの流星群だったのだろう。人々は次々に流れ落ちる流星を仰ぎ見ながら、不吉な予感にとらわれていた。

玉音放送は大人達と一緒に聞いた。子どもにも大人にも、はじめは内容が分からなかった。忍び難きを忍んでもっと頑張れという内容だという大人もいた。日本が負けたのだという話に落着するまでには、しばらく時間がかかった。

その時、父はニューギニアのウエワクという土地にいた。年齢は四五歳であった。海軍省、横須賀鎮守府と陸上勤務の続いていた父に、ニューギニアへの配属が決まったのは、私が小学校四年生の時だった。すでに四〇歳を越え、海軍軍人としては老兵に近い年齢だった。ニューギニアに赴任する父は、ある日、私に向かって、これでもう帰って来れないかも知れないと語った。しかし、その意味を理解するには、私は幼なすぎた。もっと父に応えるべき言葉があったのかも知れない。あるいはすでに母を亡くしていた私には、ふつうの子とは異なった心理が働いたのかもしれない。父は窓からそっと学校へ出かけてゆく私の後姿を見つめていた。

終戦にはなったものの、かなり長い期間、父の生死は不明だった。父だけでなく、ニューギニア駐留の日本軍全体がどうなったのか、その情報がなかった。疎開先では、どこそこの家のだれだれが帰ってきた、だれだれは戦死したといった情報が伝わってきた。一人他家に身を寄せていた私は、しだいに心細くなっていった。

しかしやがて父は生還した。疎開先に姿を見せた父は、かつての海軍の軍服ではなく、背広を着ていた。その時、父は四五歳。長年勤めた海軍はいまや無く、新たな職に転じるには、盛りを過ぎていた。兄はまだ高等商業学校の学生、私は小学校五年生。一介の失業者として世間に放り出された父の新たな苦闘が始まった。

✝横須賀生活

横須賀に戻った私は、小学校六年生に戻った。つまりそれまでの国民学校は、すでに元通り、小学校と改称されていた。我々は国民学校に入学し、小学校を卒業した。敗戦後の横須賀はアメリカ軍に進駐されていた。それ以降、アメリカ軍と背中合わせの生活が始まった。

復学した横須賀の小学校では、秩序、規律が完全に乱れていた。敗戦は教師から威信、権威、信頼、すべてを奪った。伊豆の田舎ではまだ校内の秩序が乱れることなく、生徒達は先生の指示に素直に従っていた。ところが横須賀の小学校では、朝礼で先生が話をしているのに、だれも聴こうとはしない。勝手に私語をしている。時々見回りの先生が列のなかに入ってきても、私語を止めない。先生のほうも、私語を制止しようともしない。掃除の時間がきても、だれも掃除をしない。敗戦の影響が、伊豆と横須賀とでこれほどまで違うのかと驚いた。

そのかわり、小学生の間で話題となったのは、教員の公職追放であった。戦時中、軍国主義教育に加担した教員は、教職から追放されるという。我々子どもの間では、あの先生が教職追放になる、あいつが追放になればよい、そのようなことが話題となった。

戦争中の国民学校生徒は、大なり小なり軍国主義教育の被害者であった。我が学校でも、全校生徒から恐れられている教員がおり、何かがあると、朝礼台に生徒を引きずり上げ、全校生徒の見ている目の前でビンタを張った。相手は小学校の児童である。

　こうした光景を見て、我々子ども達は恐れおののいた。担任の教師が「ああいうのを見て、どう思ったか」と訊ねるので、「可哀想だと思った」と答えると、「なぜ、ざまあみろと思わないのか」と怒鳴った。「悪いことをしたから、ああなったのではないか。それを可哀想とは何事だ」。子どもは正直だから、次に同じようなことがあった時、はじめは「ざまあみろ」と言った。しかしそう言ったとたん、明日は我が身であることに気づき、だれもそうは言わなくなった。

　だから公職追放の話が持ち上がると、だれしもその教員が真っ先に追放になると期待した。ところが我々の予想に反して、その教員は追放とはならず、別の大人しい教員が追放となった。何でも教員団体の役員をしていたためだという。

　追放された元教員は、横須賀の民間会社に勤め始めた。通りすがりに事務所を覗くと、元教員が慣れない手付きで算盤をはじいていた。別の時には、だれかとしきりに言い争っていた。次に通りかかった時は、玄関の影で涙を拭いていた。父も公職追放中の身だったので、とうてい他人事とは思えなかった。

　追放にならなかった教員は、「これからは民主主義の時代だ」といって、澄ました顔をしていた。その姿は子ども達にけっしていい影響を残さなかった。やがて教科書の墨塗りが始まった。教師の指示に従って一行一行墨を塗ってゆくのだが、内心は複雑だった。小学校六年生となれば、大人のいうことが素直には聞けない年頃に近づいていた。どうしてこれがいけないのか、そういう疑問だけが心に残った。我々世代は、何か核になる価値観を作るよりも、価値観が崩れる瞬間だけを体験してきたように思える。

✝日本破れたれど

一九四五年の敗戦後、右を向いても左を向いても民主主義しかなかった。教科書の墨塗り体験以来、大人の言うことはあまり信じなくなっていた。やがてふたたび風向きが変わって、昭和二五(一九五〇)年頃から逆コース時代が到来した。これからは戦後の行き過ぎを是正するのだという。我々世代はまた風向きが変わったのかくらいにしか感じなかった。

高校二年生か三年生の時、文化祭の催し物に何を出すかが話題となった。その時、同学年のK君が、映画の撮影技師の資格を持っているので、映画を上映しようという話が持ち上がった。フィルムは、彼がどこからか借りてくるという。現代のように、映像が溢れる時代とは違って、その当時の高校生にとっては「タダで映画が見れる」ことは、きわめて魅力的なことだった。さっそく話はまとまり、映画を上映することになった。

ところが彼が借りてくる映画のタイトルが「日本破れたれど」ということが分かった時、学校側が難色を示した。その時期はちょうど逆コース時代であった。具体的に言えば、昭和二五年には朝鮮事変が起こり、戦犯追放が解除され、パチンコ屋の店先から軍艦マーチが流れるようになった。

学校側が気にしたのは、「日本破れたれど」というタイトルからみて、最近流行の逆コース路線の映画ではないのかという点であった。しかしそういっても、だれもまだその映画を見ていない。何でもアメリカ側からとった記録映画らしいとしか分からない。何回か学校側とやり取りがあって、結局のところ、当日は校長先生も我々と一緒にその映画を見るという条件で、許可がおりた。

会場は、物理の階段教室であった。映画は例の真珠湾攻撃から始まって、連戦連勝から負け戦が始まり、だんだん日本が追い詰められてゆく経過がよく分かった。まだテレビが無かったその当時、B29が日本を空爆するシーンを見るのは、その時が初めてだった。B29の弾倉が開き、ばらばら雨あられのように爆弾が落とされるシーンを見て、「ああ、こうやって負けたのか」と、やっと納得できたような気がした。

やがて映画の場面は沖縄戦にさしかかり、神風特攻隊のシーンが登場した。テレビ時代になってからは、何回もそのシーンを見ることになったが、我々にとっては、特攻機の生の映像を見るのは、その時が初めてだった。愛国少年の頭のなかでは、特攻機とは輝ける英雄として描かれていた。アメリカの航空母艦めがけて、特攻機が突っ込んでゆく。アメリカ軍はそれを目がけて、雨あられのように砲弾を浴びせる。航空母艦に届く一歩手前で、特攻機が粉々になって砕けてゆく。文字どおり木っ端微塵となって、海に落ちてゆく。それは英雄の死というには、あまりにも惨めな終末であった。

特攻機の命中率が一〇パーセント以下だったなどという事実は、はるかあとになって知った。我々の世代が思い描いていた特攻とは、神々しい英雄の散華であった。ところが、その特攻機が見るも無残な姿で砕け散ってゆくではないか。今度も当たらなかった、今度も駄目だった。そういうシーンを続けて見ているうちに、我々はいつの間にか、「当たれー！、当たれー！」と叫んでいた。叫び声を上げつつも、暗闇のなかで思った。「これは終わったら、校長先生にお説教をくうだろうな」。

ところが映画が終わると、校長先生は何もいわず、そっと物理教室を出て行ってしまった。今にして思うことは、なぜ我々の内側から思わず「当たれー！、当たれー！」という叫び声が湧き起こったのか。なぜ校長先生は黙って部屋を出て行ったのか。たしかに我々の学年は、戦後占領下で始まった新しい学校制度の第一期生だった。新制中学では民主主義を習い、平和教育を学び、男女共学を体験した。新しい時代は、戦前、戦中にない明るさと朗らかさがあった。戦争はいけないことだというせりふは、耳にたこができるほど聞かされていた。戦争を賛美することなど、もってのほかと叩き込まれていた。その戦後教育の申し子ともいう我々が、なぜ特攻機に向かって「当たれー！、当たれー！」と叫んだのか。その時、付け刃の民主教育、平和教育は、ものの見事に砕け散ったのである。それ以来、我々は自分の身の丈を越えたものは信じなくなった。

その後、予想もしなかった高度経済成長期が到来し、すべての人々が豊かになった。それとともに、悲惨な話、嫌な話は口にしなくなった。話はしなくなったが、忘れたわけではない。我々世代は声高に叫ばれる思想に背を向け、自分自身の等身大の体験にこだわるようになった。

第二部　外つ国で聞くいくさの響き

✝分断都市ベルリン

一九六八年八月、私は日本を出発した。行き先は東西分裂時代のドイツであった。西側にはドイツ連邦共和国（西ドイツ）、東側にはドイツ民主共和国（東ドイツ）という二つの国が並立する時代だった。さらにその上、かつての首都ベルリンは西ベルリンと東ベルリンとに分断され、高さ四メートルほどの壁で完全に封鎖されていた。その結果、西ベルリンは東ドイツの中にぽっかり浮かぶ離れ小島となっていた。私は、この陸の孤島で二年近く暮らすこととなった。

分断都市ベルリン。東西対立の危機をセメントで塗り固めたような都市ベルリン。なぜわざわざこのような面倒で、危険な都市を選んだのか。しばしば日本人ばかりでなくドイツ人にも訊ねられた。その当時ドイツ市民はソ連が必ずベルリンに攻め込んで来ると思い込んでいた。彼等の頭のなかでは、ロシアと冬将軍とが一緒になっていた。ロシアは寒風の吹き出し口であるとともに、災いの吹き出し口でもあった。

しかしそれにしても、いったいなぜそのような都市で暮らすことを選んだのか。その答えは簡単で、この西ベルリンに私の目指す研究所があったからである。それではなぜその研究所は西ベルリンにあったのか。それは決して偶然ではなかった。当時西ドイツ政府は陸の孤島となった西ベルリンを支えるため、努めて各種の研究所や文化施設を西ベルリンに誘致していた。不便な陸の孤島にわざわざ住みたいと思う人はいない。放置して置けば、人口がどんどん減ってしまう。工場を作っても、原材料は西ドイツから運び、完成品をふたたび西ドイツに運ばねばならない。ふつうのままでは、これだけコストのかかる製品は売れない。そこで政府は西ベルリンにある工場には、特別の減税措置を講じていた。そのお陰で、地理的に不利な西ベルリンでも工場が成り立つことができた。

こうした免税措置、優遇措置がとられていたのは、工場だけではなかった。西ベルリン住民にもさまざま優遇措置が取られていた。例えば西ベルリンにはベルリン・オペラという世界的に著名なオペラ座があったが、その入場料などドイツの他の都市と比較しても比較にならないほど安かった。とくに日本公演の時の入場料と比較すると、信じられないほどの安さだった。

また東ベルリンとの境界線近くにフィルハルモニーというベルリン交響楽団専用の演奏会場があり、その当時は常任指揮者であるヘルベルト・フォン・カラヤンが活躍していた。この建物は独特な格好をしており、形がサーカス小屋に似ていることから、カラヤン・サーカスと呼ばれていた。ここの入場料も日本公演の時のと比較すると、想像できないほどの安さだった。

このコンサート・ホールはオーケストラ・ボックスの背後にも観客席があり、そこの料金は確か五百円ほどだったと思う。音が反対に聞こえるという欠点はあったが、その代わり指揮者カラヤンの表情を真正面から見ることができた。

さらに西ドイツへゆく航空機の料金など、政府からの資金援助があり、ふつうの路線よりもはるかに安価だった。たしか西ベルリン・ハノーヴァー間など五〇〇〇円程度で飛ぶことができたはずである。このように西ベルリンという都市が成り立つことができたのは、こうした特別措置があったからである。

しかしその優遇措置の負担は、すべて西ドイツの納税者の肩にかかった。面積にすれば東京二三区ほどの都市を維持するために、西ドイツの納税者は莫大な費用を負担していた。それはまさに「自由のシンボル」であり、「西側の砦」であり、「西側のショーウィンドー」であった。「東西冷戦の前哨地点」であり「鉄のカーテンの向こう側に掲げられた希望のかがり火」だった。それは自然に放置しておいたら消滅しかねない都市だった。人工的にしか成り立たない都市、これが西ベルリンの特徴であった。

それにもう一つ、西ベルリン市民には徴兵法が適用されなかった。これは若者にとって大きな特権であり、魅力であった。ただこれを特権とみるのは、不正確である。西ドイツが徴兵制を採用したのは、一九五六（昭和三一）年のことだったが、その当時のベルリン（東西とも）はいまだにアメリカ、ソ連、イギリス、フランスの戦勝四ヶ国の共同管理下にあった。これら連合国の占領目的の一つがドイツの非軍事化であり、いまだ占領状態が続くベルリンにはその原則が適用された。ベルリン市民に徴兵法が適応されなかったのは、そのためである。

ただ戦勝四ヶ国の共同管理は、すでに崩壊して久しかった。占領直後から西側三ヶ国とソ連はベルリンの管理をめぐって対立し、さらにはドイツの占領政策、世界政策をめぐって鋭く対立した。東西冷戦は確実に進行していた。一九四八年三月一九日、ソ連代表が共同管理委員会の席を退場すると、彼等は二度と戻ることはなかった。それ以来、西側三ヶ国はベルリンの西半分を、そしてソ連は東ベルリンをそれぞれ独自の方針に従って管理するようになった。これが東西ベルリンの分裂の始まりであり、東西対立の始まりであった。これによって「人工都市」としての性格が一段と強まった。

✢壁による分断

「人工都市」であることを端的に示していたのは、西ベルリンの周囲一六〇キロに張り巡らされた「壁」であった。西ベルリン人の日常的な生活圏は、半径三〇キロの空間に閉じ込められていた。車で三、四〇分も行けば、かならず壁にぶつかった。壁というと多くの人は、一枚だけ塀が立っている光景を思い浮かべるかもしれないが、それがそうではない。それは人類が構築した歴史上もっとも醜悪で、冷酷で、無慈悲で、それでいて徹底して合目的的で、機能的な構築物であった。

まず「壁」は三重構造になっていた。東側の壁、西側の壁、そしてその中間に広がる無人地帯、これが「壁」の構造だった。まず東側に高さ四メートルほどのコンクリートの壁が立っている。しかも壁の頂上は手をかけても、すぐ滑るように丸い土管で覆われている。あるいはY字型の支柱に有刺鉄線が張られている。一枚のコンクリート板だったら、頂上が角になるから、手がかかりやすい。しかし丸い土管ならば滑って手がかからない。だから東から西へ逃げるとしたら、はしごを使わない限り、この壁を乗り越えることはできない。

しかしこの壁を越えると、今度は幅一〇メートルほどの無人地帯がある。ただし、その幅は、場所によって違っていた。幅一〇〇メートルほどの所もあれば、せいぜい六メートルしかない所もあった。それはこの無人地帯が初めから計画的に作られたのではなく、ある場所ではたまたま目の前を走る通りが無人地帯となり、またある場所では広場が無人地帯となったためである。

もっとも悲劇的だったのは、建物は東側、その建物の前を通る通りは西側といった場合であった。ふだん生活している部屋は東側で、ドアを一歩出ればそこは西側となる。まさに抑圧と開放の狭間。こういう東西境界線上の住宅では、しばしば悲劇が起きた。ベルナウアー通りの悲劇は、こうして発生した。いかなる悲劇が起きたかは、あとで語ることにする。

壁と壁の間に横たわるこの無人地帯には、遮蔽物はいっさいない。この空き地にあるものは、鉄条網と境界線を強行突破する車を遮断する車止めだけである。空き地全体が容易に見渡せるように、ところどころに高い監視塔が立っている。監視塔からは必ず国境警備隊が双眼鏡で見張っている。

さらに国境警備兵が監視しているだけでなく、ところどころ巨大なシェパードが繋がれていた。脱走者が入ってくれば、吠え付き噛み付くように訓練されているのだろう。しかしシェパードを繋いだ鎖を一本の杭に固定してしまえば、シェパードはせいぜい半径数メートルの円形の範囲内しか行動できない。そこで工夫がしてある。鎖の先に輪をつけ、その輪を長さ一〇〇メートルほどの針金に通してある。こうすればシェパードは、左右一〇〇メートルほどの範囲を移動しながら、監視することができる。こうすればシェパードの監視範囲は格段に広がる。

ともかくこうした無人地帯があって、さらにその外側にもう一枚、西側の境界線沿いにコンクリートの壁が立っている。これも高さは四メートルほどで、この天井は丸い土管で覆われているか、Y字型の支柱に鉄条網が張られていた。手をかけても滑るか、針金にひっかかる。だからこれを乗り越えるには、はしごが欠かせない。要するに、はしごを担いで一番目の壁を乗り越え、無人地帯を渡り切り、もう一度はしごを二番目の壁にかけ、それを乗り越えなければ西側には脱出できない。

しかも夜間になると、この二枚の壁、無人地帯の辺りは、煌々とライトで照らされる。東ベルリンの街中で街灯が立っているところなど、ほとんどない。その東ベルリン市内でこれほど明るく照明された場所は、東西を分断する境界線以外にはない。

最初の壁を乗り越えても、国境警備兵か警察犬に見つかる危険性は高い。見つかれば、国境警備兵は背後から発砲する。このものものしさを見れば、脱出する気など起きまい。この壁は物理的に人々を隔てるというよりも、脱出意欲を阻喪させるために立っている。

しかしそれにも関わらず、東側から脱出を企てる者がいる。朝刊を開くと、「昨日の深夜、〇〇地区の壁の向こう側で、慌しく何者かが駆ける足音がし、それに次いで「止まれ」と叫ぶ声が聞こえた。それから数発の銃声がなり響き、それとともに人の駆ける足音は途絶え、もとの静寂にもどった。このことから推測すると、だれかが東側からの脱出を試み、不成功に終ったものと推定される」という記事が、ときどき載った。さらにある時は、脱出者を背後から撃った銃弾が壁を越えて、西側の住宅に当たり、ガラスが割れるという物騒な事件も起きた。

私がベルリンに行ったのは、一九六八年であったが、それは壁ができてから七年後のことであった。七年という歳月は、まだ若かった私には、はるか昔の出来事のように思えた。ところが西ベルリンでできた友人達は、口々についこの間まで東西ベルリン間を自由に行き来していた時代のことを話し合っていた。私は壁ははるか昔にできあがり、ずっとそこに立っていると思っていた。だから私はある心構えをして、その壁の中に入っていった。これに対して西ベルリンの市民は、壁はついこの前できたとイメージしていた。この「はるか昔にできた壁」と「ついこの間できた壁」という時間感覚の差に私は戸惑った。

しかし考えてみれば、第二次世界大戦の終結から数えても「わずか二三年」しか経っていなかった。事実、一九六八年当時のベルリンには、街中に戦闘の傷跡が残っていた。機関銃の銃痕が生々しく残るビルが結構あった。ことに裏道に入ると、戦火の残りが多く残っていた。

✝奇跡の復興

東ドイツのなかに離れ小島のように浮かんだ西ベルリンは、東ドイツに不満を抱き、自由で豊かな生活を求める人々の唯一の脱出口だった。東側から見れば、それはたえず人々が流出してゆく出血口だった。一九六一年八月に壁が築かれるまでに、連日のごとく東ドイツから人々が脱出してきた。ただ壁が作られる以前は、それはけっして「脱出」ではなかった。人々はベルリンの東西を自由に行き来していたからである。東に住みながら、職場は西にあるという人はいくらでもいた。その反対もまたいくらでもいた。友人は互いに東西の隔てなく、自由に行き来していた。

ところが一九六一年八月一三日の早朝、突如として東西ベルリンの分断が始まった。そして鉄のカーテンが街中を貫いて走ることとなった。いったい一九六一年八月とは、どのような時点だったのだろうか。一九六一年六月、アメリカのケネディー大統領と、ソ連のフルシチョフ第一書記との会談がウィーンで開かれた。会談は見事に決裂した。帰国後ケネディーは直ちに軍事予算の増額と、兵力の一五パーセント増を議会に求めた。他方フルシチョフは一九六一年八月七日、テレビを通じてこう演説した。

「今やアメリカ合衆国では戦争ヒステリーが起こっている。もしここで第三次世界大戦が始まれば、それはアメリカ対ソ連二国間の戦争で終ることはない。アメリカ合衆国だけが破壊の対象となるだけでなく、世界中に分散しているアメリカ軍基地もまた攻撃の対象となる。戦争はアメリカ国民の家にも立ち寄ることだろう」。

いまや米ソ間の緊張は急速に高まった。さっそくベルリンでは東から西への脱出者が増加した。その数は一九六一年一月から同年八月までに、一五万人に達した。「人工都市」は東西対立の度合いを示すバロメーターとなった。それはたとえて言えば、大きな湖にできた氷の亀裂のようだった。世界のどこかで東西両陣営の対立が起こると、まずベルリンでぎしぎしと軋み出した。はるかかなたにできたごくかすかな軋みでも、ベルリンでは大きな軋みとなって現れた。

東側からすれば、壁で囲わなければ、住民が逃げ出す。壁で囲えば、世界の非難・嘲笑の的となる。だからソ連首相フルシチョフは、西ベルリンのことを「喉にできたガン」に譬えた。フルシチョフは一九五八年一一月、ベルリンの四ヶ国共同管理をやめ、「自由都市」にせよと主張した。そして六ヶ月以内に西側占領部隊はベルリンを撤退すべきだと主張した。

彼は言った。「西側三カ国はベルリンの占領権を悪用している。その占領権を使って東ドイツに対して内政干渉を行っている。いまやベルリンは火のついた導火線に繋がった火薬の樽となっている。今必要なことは、ベルリンを非武装化し、いかなる軍隊の駐留をも認めない自由都市にすることである」。

地図で見ると、周りは東ドイツの領土なのに、西ベルリンだけが小さな点となって浮かんでいる。しかもそこにはアメリカ軍、イギリス軍、フランス軍が占領軍として駐留している。フルシチョフをはじめ、東側指導者は、この目障りな汚点の抹殺を願った。それはドイツ民主共和国の首都、ベルリンの喉にできたガンであった。

止まることを知らない脱出者の増加に、東ドイツは何らかの策を講じなければならなくなった。ことは秘かに進行していた。一九六一年六月東ドイツの国家評議会議長ウルブリヒトはフルシチョフ宛の手紙のなかで、「これ以上の喪失と分解を防ぐための措置が必要」と言っている。ワルシャワ条約機構は、東西ベルリン間に壁を構築する計画を、一九六一年八月初旬には知らされていたという。

しかし西側の諜報機関はいっさいその兆候をつかむことができなかった。一晩にして、東西ベルリン間に鉄条網を張り巡らすには、あらかじめそれだけの資材、人員を調達し、配置しておく必要がある。ところが西側はその気配すら感じ取ることができなかった。しかし社会主義統一党中央委員会は八月七日(月)には臨時会議を開き、「規定の措置は土曜日の深夜から日曜日の早朝にかけて実行に移す」ことを決定していた。

運命の一九六一年八月一三日の朝は、奇妙な出来事から始まった。その日は日曜日であった。まず東西ベルリンの境界線をまたいで走っているSバーンがストップした。東側の駅に向かった電車がそれきり、西側に戻って来なくなった。午前二時一〇分、武装労働者集団がブランデンブルク門とポツダム広場を結ぶ道路に到着、有刺鉄線を張り出した。この武装労働者集団とは内戦が突発した時、それに対応するため、各職場単位に構成された共産党軍のことである。職場単位に編成されているので、住んでいる地域はばらばらである。これを一ヶ所に召集するには時間がかかるのがふつうである。ところが、この時はごく短時間に全員が集まった。

西ベルリン市長ウィリー・ブラントはちょうどその日、選挙戦の遊説のため、ベルリンを留守にしていた。彼はハノーヴァー近くを走る列車で就眠中であった。午前四時、彼は同僚から揺さぶり起こされた。そして東西ベルリンの交通を遮断するための有刺鉄線が張られている最中だという報告を受けた。彼は選挙戦の日程を中断して、ベルリンに戻ることにした。

✝東欧の優等生

資本主義体制と社会主義体制。市場経済と計画経済。一九八九年のベルリンの壁崩壊以降、人々は確信を持って社会主義体制、計画経済の欠陥を指摘できる立場に到達した。しかし五〇年代、六〇年代はけっしてそうではなかった。もしかしたら計画経済の方が優れているのではないかと思わせる局面がいくつかあった。こうした国際的な緊張状況のなかにあって、東西両ドイツは二つの陣営の優劣を競う絶好の実験場となった。東西ベルリンは二つの体制の優劣を、一目で比較できる格好の舞台となった。

一九五〇、六〇年代の日本では、西ドイツの奇跡の復興とともに、復興著しい東ドイツ経済は「東側の優等生」として紹介されていた。そこには共通した東ドイツ認識があった。重要な工業地帯を西側に奪われ、後進農業地域だけが切り離された東ドイツ。低い出発点から這い上がり、ようやくここまで復興した東ドイツ。これがその当時の共通認識であった。

しかしその反面、社会主義圏内部ではしばしば民衆蜂起が発生した。一九五六年にはポーランド、ハンガリーで民主化と自由化を求める事変が起こった。一九六八年にはプラハ事件が起こった。いずれも社会主義体制に不満を抱く市民が蜂起し、それをソ連軍の戦車が圧殺した事件である。

一九六八年夏、プラハの市民は「人間の顔をした社会主義」を求めて立ち上がった。プラハの中心地バーツラフ広場は、多数の市民で埋め尽くされた。ソ連は戦車隊をプラハに派遣し、市民の鎮圧に乗り出した。市民は道路の標識をすべて「モスクワへ」と書き改め、ソ連軍戦車の帰国を迫った。

この時、民主化運動の先頭に立ったのがドプチェクだった。彼はソ連に拉致され、権力の座から追放され、やがて政治の舞台から姿を消した。その彼がふたたび政治の舞台に姿を見せるまでに、二二年の歳月が必要だった。

ゴルバチョフはその回想録のなかで、ドプチェクとは二度出会ったと回想している。一度目は一九六八年、この時のドプチェクはチェコ・スロヴァキア共産党中央委員会第一書記であった。ところが彼はプラハからモスクワへ拉致されてきた。その年に発生した「チェコ動乱」の責任を問われたためである。二度目にドプチェクに会ったのは一九九〇年五月、「ビロード革命」が成功を収めた直後であった。二二年ぶりに再会したドプチェクは、すこしふけてやせてみえた。彼は潤んだ目でゴルバチョフの手を硬く握った。二人はこれまでの長い道のりを語り合った。ゴルバチョフはこう言っている。

「一九六八年チェコ改革が覆されたことで、ソ連の発展もまた否定され、我々は多くの時間を失った」。

このように東欧内部でしばしば民衆蜂起が発生したのに、日本ではこれらの事件の本質をめぐる議論はあまり発展しなかった。さすがに「一部ブルジョア新聞の悪意に満ちた歪曲記事」といった決め付けは通用しなかったが、根本的な議論は進まなかった。ハンガリー事件が起こり、フランス共産党員だった著名知識人が幾人も脱党しても、多くの論者は口を閉じたままだった。

このようにしばしば動揺する東欧ブロックにあって、東ドイツだけは優等生であった。その経済はそれなりの発展を見せ、人々の生活は向上しているかのように見えた。庶民がいかに安い住宅に住むことができるか、いかに食料品が安いか、いかに失業が少ないか、こうした情報が日本でもよく報道されていた。

しかしそこまで到達するまでの過程は生易しくはなかった。多くの人命が失われた。一九五三年六月一七日、東ベルリンの労働者がストライキを起こした。それは社会主義国家が成立してからわずか五年しか経っていない時点のことだった。最初はごく小規模なストライキだった。ことの起こりは、政府が労働者のノルマ（一日に果たすべき労働成果）を一〇パーセント、賃金の増額なしに引き上げたためである。労働者達はノルマ引き上げを撤回するよう政府に迫った。

ところが、こうした労働者の動きを、東ドイツ政府とその機関紙、ラジオ局は黙殺した。それに代わって、西ベルリンにあるアメリカ管轄区のラジオ局が報道した。電波は国境を越えて、東ドイツ全土に広まった。それとともにストライキに同調する労働者の数は増加した。不満の声は東ベルリンに止まらず、東ドイツ全土に波及した。東ベルリンの労働者は政府の建物に向かってデモ行進をし、こう叫んだ。「我々が求めているのは、単なるノルマ削減ではない。我々が求めているのは自由なのだ」。さらにはこうも叫んだ。「我々は奴隷ではない」。

東ベルリン労働者にとっては、彼等の声を代表してくれるのは、もはや東ドイツ政府の管理する放送局ではなかった。西ベルリンにある放送局しかなかった。そこで労働者代表は、彼等の要求を西側放送局に渡し、その内容を放送してくれと依頼した。

東ドイツ政府は直ちに戒厳令を引き、東西ベルリンの境界線をすべて封鎖した。ソ連軍戦車が出動し、無防備な市民の列に銃口を向けた。市民は投石をもって戦車に対抗した。この市街戦に参加した市民の数は正確には数えられていない。しかし約七五〇〇名が拘束され、一二〇〇名が有罪判決を受け、一八名の市民が死刑となったという。この時投入されたのは、戦車六〇〇台、ソ連兵士二万人、東ドイツ人民軍一万五〇〇〇名と記録されている。

しかしかねてからこの事件を西側の挑発の結果だとする論があった。当時、東西ベルリンを分断する鉄条網、壁はまだ立っていなかった。人々は自由に東西を行き来することができた。そこで西側諜報機関が一群の挑発者を金で雇い、彼等を東側に送り込み、騒動を起こさせたというのである。だからそれは西側の計画的で組織的な撹乱行為だったという。

しかしそれはこじつけであることは明白である。その証拠に、この事件以後も東ドイツ市民の西側への脱出は途絶えることはなかった。言論の自由、意見表明の自由を奪われた東ドイツ市民は、ソ連戦車めがけて石を投げつけることで意思表示をした。そして母国を捨てることで、彼等の意思を表示した。しかしそれにも関わらず東側から出された出版物には、この事件を「反革命的暴動未遂事件」としたものがあった。さすがに今はもうなくなったことだろう。

✝「六月一七日通り」

この六月一七日事件は、長く東西ドイツ人の記憶のなかに残された。西ベルリン人はこの事件を忘れないよう、西ベルリン中心の大通りに「六月一七日通り」という名をつけた。それは片側四車線ほどの大きな通りで、その行く先にはブランデンブルク門が立っている。後年、その中央分離帯に一つの像が立てられた。人がはるか遠く東側に向かって、懸命に呼びかけている姿である。そこには「私は世界中を旅しながら叫んだ。平和、平和と」というペトラルカ（一四世紀にイタリアの詩人）の言葉が刻み込まれていた。

東ドイツ政府はこの民衆蜂起に衝撃を受けた。この事件を契機として、国内政治の方向を転換した。労働者に安く住宅を提供すること、食料品をはじめ日常品の価格を政策的に下げること、教育費・医療費を下げ、年金制度を充実すること。それは計画経済のもとでの福祉国家構想であった。政治的自由、言論上の自由を犠牲にした上での安定確保であった。

こうした東独政府の懐柔政策のなかで、東ドイツ市民の間に次第に満足感が広がり始めた。ハンガリー、チェコ、ポーランドなどで民主化を求める民衆蜂起が起こっても、東ドイツだけは優等生であった。決してその流れには同調しなかった。だから東ドイツはソ連にとってはもっとも頼りがいのある弟分だった。私がドイツに到着した一九六八年とはそういう時代だった。

現在の時点に立って、その後の歴史を振り返ってみると、一九六〇年代とは東西の緊張が一段と高まった時代だった。一九六一年八月ベルリンの壁が築かれると、翌一九六二年にはキューバ危機が発生した。その年の一〇月、ケネディ・アメリカ大統領はソ連がキューバにミサイル基地を建設中である事実を世界に向けて公表するとともに、その撤去を要求した。アメリカは対抗手段として、キューバの海上封鎖を断行した。そしてキューバからの西半球に対するミサイル攻撃は、いかなる場合でもアメリカに対する攻撃とみなし、直ちに報復すると宣言した。

世界は一触即発の危機に直面していた。アメリカ国内には万が一の場合に備えて、原子爆弾の使用を議論する声も起こった。東西両陣営での激しい応酬の結果、ついにフルシチョフが折れ、ミサイル撤去を発表し、最後の瞬間に危機は回避された。しかし世界はこの事件を通じて、東西対立が地球規模での破壊に繋がりかねない危険性を孕んでいることを、改めて認識した。

ベルリン対立、キューバ対立。この世界二大国間の対立を、ひところアメリカの若者の間で流行った「チキンごっこ」に譬えた人がいた。「チキンごっこ」の具体的な姿は、その当時ジェームス・ディーンの主演する「理由なき反抗」（一九五五年上映）で映像となった。それは若者同士で自分がいかに「ひよこ」（いくじなし）でないかを競い合うゲームである。

廃棄された車のなかから、まだ動く自動車を見つけてきて、それに乗組み、断崖めがけて車を走らせる。そのまま直進すれば断崖から車ごと墜落し命を落とす。どちらが断崖ぎりぎりまで車から逃げ出さず、運転できるかを競い合う。先に車を脱出したほうが「キチン」、「意気地なし」にされる。映画では一人の青年が、ジャンパーの袖を窓明けのハンドルにひっかけ、脱出することができず、車もろとも断崖から落下し命を落とす結果となった。

アメリカとソ連とは互いにこうした「チキンごっこ」に熱中していた。まずソ連は一九四九年に原爆実験に成功し、アメリカの原爆独占時代を過去のものとした。そこでアメリカは一九五二年ビキニ環礁で水素爆弾の実験を実施し、原子爆弾よりもさらに破壊力の強い水爆開発を成功させ、その成果を世界に誇示した。そうするとそれに対抗して、ソ連は一九五五年航空機からの水爆投下の実験を成功させ、アメリカの水準を超したことを誇示した。そして一九五七年には世界最初の人工衛星スプートニクの打ち上げに成功し、ソ連の保有する科学技術力の水準の高さを世界に誇示した。

それ以降、ミサイル開発、原子力潜水艦からのミサイル発射、大陸間弾道ミサイルの開発と、絶え間ない開発競争が続けられた。東西超大国間の「チキンごっこ」は終りがなかった。

✝命の綱

西ベルリンが社会主義陣営にとって「喉にできたガン」だったとすれば、西側陣営にとっては西ドイツ・西ベルリン間の交通路が「命の綱」であった。空路にしろ、陸路にしろ、東ドイツの領土内を通らなければ、西ベルリンに入ることも出ることもできない。東側はことあるごとに、東ドイツの領土権を主張しようとした。

西ベルリンから西ドイツへ行くには、空路、陸路、鉄道の三通りの方法があった。まず空路を使うとすれば、当然のことながら東ドイツの領空を飛ばねばならない。領空権を主張する東ドイツは三本だけ空路を指定し、それから外れることをいっさい認めなかった。その三本とはハンブルク、ハノーファー、フランクフルトからの「空の回廊」であった。一九六八年当時すでに西ドイツの民間航空フルトハンザが運航していたが、ベルリンだけはいまだに占領地帯であるため、東ドイツ上空を飛ぶことはできなかった。東ドイツの上空を飛べるのはあくまでも占領国の航空機、つまりイギリス、アメリカ、フランスの航空機に限られていた。

この空の回廊はベルリン市民にとっては、文字どおりの生命線であった。一九四八年六月二五日、突如ソ連軍は西ベルリンへの交通網を遮断した。鉄道も道路も水路も閉鎖された。人口二〇〇万人の人工都市西ベルリンは、すべて外部から運び込まれる食糧、石炭、医療品で生きていた。この交通遮断は飢えと寒さと病いに直結していた。残るのは空路だけである。ベルリンに駐在するアメリカ軍最高司令官クレイ将軍は、トルーマン大統領に米軍機を総動員するよう要請した。

しかし果たして二〇〇万都市に必要な食糧、石炭、医療品すべてを航空機で運ぶことができるものかどうか、多くの人々は疑問視した。トルーマン政府の閣僚は、西ベルリンだけにアメリカ空軍を集中させれば、他の地域に防衛の空白ができると恐れた。しかし最後は大統領自身が決断した。そうして前代未聞の大空輸作戦が開始された。

ピーク時には二四時間に一三九八機がベルリンに飛んだ。それは六一・八秒間に一機の割合であった。ベルリン上空は絶え間ない航空機の轟音が響き渡った。それはもはや騒音ではなく、西ベルリン人への声援であり、自由陣営側の不屈の意思の表明であった。とうとうソ連軍は諦め、西ベルリンの包囲網を解いた。この大空輸作戦は一九四九年五月一二日まで、通算三二八日間続いた。この大空輸作戦を通じて、総数二七万四四一八機が二二〇万トンの物資を空輸した。空輸されたもののなかには、一基の発電所までが含まれていた。西ドイツの発電所の部品すべてを解体し、空輸し、西ベルリンでふたたび組み立てられた。そうして発電所が一つ完全に西ベルリンに空輸された。

東ドイツからの難民は、まず西ベルリンに逃げ込み、さらにそこから西ドイツへの移住を希望した。その彼等を輸送するには、空路をとるしかない。地上を使えば、東ドイツ領土内でいかなる妨害を受けないとも限らない。そこで東からの脱出者はもっぱら空路を使って西ドイツに移動した。しかし東ドイツにとっては、自国を裏切った犯罪者達が、やすやすと東側の領空を通ることが我慢できなかった。

アメリカは起こりうる事態を想定し、シミュレーションを立てた。そのなかの一つにはこういうのがあった。

ある日、東ドイツ政府は自国を見捨てた犯罪者達（東からの脱出者のこと）が、東ドイツ上空を通って、西側に「密貿易」されることを禁止すると発表した。数時間後、これら東からの脱国者を乗せた西側航空機が、東側空港に強制着陸するよう命じられた。アメリカ、イギリス、フランス政府は直ちに抗議し、このような「海賊行為」は今後いっさい認めないと声明を発表し、空の回廊沿いに警備のための戦闘機を配置すると宣言した。やがてアメリカの軍用貨物機が姿を消し、数時間後には東ドイツ内に墜落したとの情報が入った。その二時間後には、西側同盟国の航空機が一機、東ドイツの軍用機を襲撃したとソ連政府から発表された。ソ連は「この攻撃はソ連同盟国に対する「宣戦なき戦争」である」と非難し、「本日〇時を期して、東ドイツの領空を侵犯するあらゆる戦闘機は、即時撃墜される。輸送機の飛行は許可されるが、あらかじめ武器を装備していないことを証明する必要がある。そのためには、離陸以前に東ドイツ代表による査察を受けること、そのためにベルリンに飛ぶ前に東ドイツの空港に着陸しなければならない」と発表した。

これはアメリカの中枢部が一九六一年九月八日から一一日にかけて、秘密裏に行ったシミュレーションのシナリオの一部である。幸いにもこのシナリオは外れたが、これに近い事態がベルリンでは発生した。

✝陸路による越境

鉄道の場合も同様に、西ドイツ・ベルリン間は西側の列車は通ることができず、東側の列車だけが通っていた。しかもそれはニュルンベルクから一日に一本夜行列車しか通っていなかった。私達は一度だけこの鉄道を使ったことがあった。ニュルンベルクをほとんど夜中の〇時頃発車する。東との国境が近づくと、まず西側の国境管理官が乗り込んできて、パスポートの点検をする。その間列車は止まったままである。点検が終ると、列車はおもむろに動き出す。しばらく行ったところで、また停車する。そうすると、今度は東側の国境管理官が乗り込んできて、パスポートの点検を始める。深夜一時、二時頃である。眠くても寝ることができない。西側に比べると、東側の点検のほうが入念で、時間がかかる。やがて点検が終了すると列車が動き出す。

列車がベルリンに近づくと、ふたたび各種の点検が始まる。列車の終着駅は東側であるにも関わらず、パスポート点検がある。その間、列車は止まったままである。外を見ると、巨大な警察犬を連れた警官が列車の下側を点検している。その表情は一片の違反物も見逃さないぞという気迫に溢れている。列車が止まるのは、この警察犬による点検のためなのだ。そうして東側のフリードリヒ通り駅に到着することになるが、そこから西ベルリンに入るには、またまたさまざまなチェックを受けなければならない。

この鉄道は結局のところ、あとにも先にも一回しか利用しなかった。ともかくパスポート点検のため、寝ていても頻繁に起こされる。一度経験した者は、二度と使いたくなくなる代物だった。

それでは鉄道ではなく自動車で陸路を行く場合はどうなるのか。これもまた東側の道路を使わせてもらうのだから、使える道路が限定されていた。ブラウンシュバイク、あるいはニュルンベルクに抜けるハイウェイしかない。しかもいったんハイウェイに乗ったら、脇道（つまり東ドイツの領内）に出てはいけない。ハイウェイをひたすら一直線に、西ドイツ領内まで突っ走らなければならない。途中でパンクしたり故障した時は、どうしたらよいのか心配だった。しかしそういう場合には、だれかが助けてくれるものだという。つまり同じ西側住民同士の連帯感があって、修理を手伝ってくれるらしい。もっとも幸運にも、そういうはめには一度もならなかった。

自動車の場合、まず西ベルリンを離れる時に西側の検問がある。これは車の中からパスポートを提出するだけで済む。それにポンと判を押すと、すぐ返ってくる。しばらく車を走らせると、今度は東側の検問所に行き当たる。ここではいったん車を止めて外に出て、バラック小屋にパスポートを持参しなければならない。窓口で提出すると、背後の部屋に持っていってしまう。内部で何を点検しているのか、いっさい見えない。問題はこの点検にどれだけの時間がかかるかである。

この待ち時間は事前には予想が立たなかった。行ってみないことには判らなかった。比較的短時間で済むこともあるし、延々と待たされることもあった。それは気まぐれのこともあるし、はっきり東西緊張の度合いに関係している場合もあった。何かの東西緊張が高まると、待ち時間は途端に長くなった。

待ち時間を長くする方法はさまざまあった。まず全員を車から降ろして、車内の点検をする。座席シートをひっくり返して、何かが隠されていないか点検する。車体の下に鏡を突っ込んで覗き込む。ガソリン・タンクが規定通りの深さかどうか、ものさしを突っ込んで測る。これはガソリン・タンクを改造し、人間を一人隠すスペースを作り、運び出したことがあったためだという。

パスポートの点検もいくらでも時間をかけることができた。まず写真と実際の顔を見比べる。それもチラッと見るのではなく、規定の秒数が定められているのか、こちらが嫌になるほど、ジーッと見つめる。長女を連れている時など、顔が見える高さまで持ち上げろという。三歳の長女の顔も、規定通りいやになるほどジーと見つめる。国境警備兵は絶対に表情を変えない。さすがに長女の顔を見た時は、一度だけニコっとした兵士がいた。長女がはしゃいで「今度の兵隊さんは笑ったねー」と言い出したので、慌てて口をふさいだ。考えてみれば、日本語で言ったのだから、相手に通じるはずがない。しかしそうでもしないと、どういう「言いがかり」をつけられるのか、分からない雰囲気であった。

写真照合だけではない。生年月日を尋ねる。住所を言わせる。あげくの果てには「武器・弾薬の類を持っていないか」と訊ねる。さすがにこう質問された時は、こちらが吹き出しそうになった。しかし相手はあくまでも真面目な顔で、こちらの回答を待っている。このような時、吹き出すとは不謹慎きわまりないことなのだろう。そこで表情を改めて「武器・弾薬は持参いたしてはおりません」と真面目に答えた。

もっとも長時間待たされたのは、全員の身長を測りだした時である。その当時のパスポートには身長が記載されていた。そこで全員が車から出されて、身長計の前に並ばされた。パスポートの記載通りの身長かどうかを確認している。ハイヒールを履いている女性は、それを脱がされる。これをやれば絶対に待ち時間は長くなる。検問待ちの自動車が延々と並ぶことになる。

さらに悲惨なのは、雨の日であった。パスポートが戻ってくるまで、雨のなかを戸外で立って待つことになる。名前が呼ばれると、一人ひとり取りにゆく。周囲は大勢の人がずらっと並んで待っている。だれしも苛立ちと退屈と不快感と怒りを腹一杯かかえている。名前が呼ばれると、わざと軍隊調で答える者がいる。周囲の人々がどっと笑いだす。東側の兵士は苦笑いを浮かべる。考えてみれば、それは東西緊張の最前線である。東の兵士がいつ怒り出さないとも限らない。怒り出せば、どのような嫌がらせが始まらないとも限らない。

ベルリン・ブラウンシュバイク間は一五〇キロほどである。それだけのハイウェイを通過するのに、場合によっては四時間、あるいは五時間かかった。

東側のハイウェイに入っても、まだ油断ができなかった。突如としてハイウェイが閉鎖されることがあった。とくに東ドイツ軍隊が移動する時には、ハイウェイが閉鎖される。軍隊が通過するまで、待たなければならない。そういう時の新聞報道はこうなる。「昨日、○時から○時まで、ベルリン・ブラウンシュバイク間のハイウェイが予告なしに閉鎖された。その場に居合わせた西ベルリン人の話では、はるか遠く霧のなかを戦車らしきものが多数移動するのが目撃された。このことからみて、ハイウェイ閉鎖は軍隊の移動のためだったものと見られる。この閉鎖は○時には解かれた」。

東側のハイウェイの最高時速は一〇〇キロだった。しかしほとんどの場合、一〇〇キロでは走っていない。一二〇キロ、あるいはそれ以上を出している。ただ時々、人民警察が見張っている。速度違反が見つかれば、直ちにその場で一〇〇マルク（約一万円）の罰金を払わされることになる。この人民警察も西ベルリン人には恐怖の的だった。まずは速度違反、規則違反、さまざまな違反の基準が、人民警察の胸三寸にかかっていて恣意的だった。罰金の額が予想できなかった。

初めてベルリンからニュルンベルクに抜けるハイウェイを走った時、速度違反で捕まった。初めての道路だったので、事情がよく分からなかった。そろそろ西ドイツとの国境かなと思った頃、目の前に奇妙な形をした建物が見えてきた。いったい何だろうと思ったら、それが国境の検問所だった。どうやら検問所の手前には、一〇〇キロから八〇キロに速度を落とせという標識が立っていたらしい。それを、奇妙な格好をした建物に気を取られ、一〇〇キロのまま通過してしまった。

さっそく検問所で警官に呼び止められ、「八〇キロの速度標識が立っていたはずだが、目に入らなかったか」と訊ねられた。もちろん目に入らなかった。「あそこでは八〇キロ以下に速度を落とすべきだったが、お前は落とさなかった。速度違反を起こした」。周囲を見ると、私だけでなく、何人もの運転者が人民警察の取調べを受けている。全員の顔が引きつっている。おそらく八〇キロの速度標識があっても、木陰に隠れて見えにくかったのだろう。なかには顔を真っ赤にして、財布を車に叩きつけている人もいる。どうなることかと思っていたら、幸運にも「お前は外国人だろう。今回は警告だけに止めておく」という結果で終った。

またドイツ人の友人の場合、速度を落とさねばならないゾーンを通過してから五分くらいたった頃、後ろから人民警察が追いかけてきて停車を命じられた。なぜその場で現行犯逮捕をしなかったのか。その当時は速度違反の車を一定時間追跡して、速度を記録するような装置はなかった。万事は人民警察のカン次第だった。しかし五分も経っていれば、速度違反をしたのがその車なのかどうか特定できるとは限らない。他の車と見間違えることはじゅうぶんありうる。私の友人の目には、明らかに人民警察は自信がなかった。そこで押し問答をしているうちに、罰金を割り引いてくれたという。

その当時、西ベルリン・西ドイツ間のハイウェイを走っているのは、ほとんどすべて西側の車だった。東側の車であるトラバントなど、時速一〇〇キロのような高速は出ない。ただ時々政府要人が乗っているのだろうか、性能のよい、見慣れぬ車種の車が走っていた。その上、このハイウェイは補修が行き届いておらず、継ぎ目がきちんと埋まっていない。だから走っていると、規則的にガタン・ガタンと音を立てる。こちらの自動車がどこか故障したのではないかと思いたくなるほど、規則的にガタン・

ガタンと音を立てた。

✝東ベルリンへの入国

このように西ベルリンと西ドイツを結ぶ交通網も正常ではなかったが、東西ベルリン間の交通もまた正常ではなかった。ここにも人工都市の特徴がよく見えた。まず西ベルリンの範囲内は縦横にバスと地下鉄が走っていて、これをうまく組み合わせれば、西ベルリン中どこへでも行けた。だから西側の内部で生活している限り、何の問題もなかった。

しかしこの西ベルリン内をSバーンという電車が走っていて、こちらは西側の部分を走っているにも関わらず、東ドイツの管轄になっていた。路線そのものが西側を走っていたかと思うと、いつの間にか東側を走っていたり、東側を走っているかと思うと、西側を走っていたりした。それほどベルリンという都市が小さかった。その上中央に東西の境界線が走っているので、Sバーンはそれを跨いで走っていた。

人工都市の特徴を目撃できたのは、このSバーンの東側の駅を通過する時であった。かつてはすべての駅が利用されていたが、壁が作られてからは、検問所のあるフリードリヒ通り以外の東側の駅は閉鎖された。そうしておかないと、それらの駅を使って西側に脱出する者が出て来るからである。例えば西側の駅であるアンハルター駅からSバーンに乗り、フリードリヒ通り駅まで行くとする。この間にはポツダマー通り駅とウンター・デン・リンデン駅の二つの駅がある。ところが電車はこの駅では止まらない。駅は長年封鎖されたままである。しかしこの駅に差し掛かると、電車はいったんは速度を落とす。目の前を長年使用されないまま寂れた幽霊駅がことさらゆっくりと過ぎ去ってゆく。時には鉄砲を担いだ国境警備兵がホームを警戒している姿が目撃できる。長年使用されないままの幽霊駅。止まることを許されていない駅。しかしそこへ差し掛かると、速度だけは落とされる駅。これこそ「人工都市」の産物であった。

我々はしばしばフリートリヒ通り駅の検問所でパスポート審査を受けて、東ベルリンに入った。これは我々外国人に与えられた特権で、西ベルリン人は東ベルリンを訪問することができなかった。なぜ西ベルリン人には東ベルリンを訪問する資格がないのか。西ベルリンには東ベルリンに親戚縁者、友人を持ち、不動産を所有している者が多数住んでいた。一九六一年の八月に突如として分断され、多くの家族が分断都市の東西に別れ別れとなった。

壁ができてからは、いったいどうやって相互訪問の機会を作るかが課題となった。実は何回か西ベルリン人に訪問の機会が開かれたことがある。最初は一九六三年のクリスマスの時だった。ところがそれとばかり大量の西ベルリン人が東ベルリンに殺到し、街中が西ベルリン人で溢れた。これに懲りた東ドイツ政府は、こうした機会を作ることはなかったという。

私の友人にも、東ベルリンに不動産を持ちながら、それがどうなっているのか分からなくなって困っている人がいた。何かの話の折、私ならば東ベルリンに入れるので、見てきて貰えないかという話が出た。しかしもし私に何かの面倒が起っては気の毒だという話になって、沙汰止みとなった。その当時は東ベルリンに電話をかけても、繋がったり繋がらなかったりの状態であった。

我々外国人に与えられた特権も、無際限ではなく、夜〇時までには西ベルリンに戻ってこなければならなかった。そこで我々外国人は互いに「シンデレラ・ボーイ」、「シンデレラ・ガール」と呼んでいた。また東ベルリンに入国する時には、五マルク（後に二五マルクに引き上げられた）を一対一の比率で、東ドイツの通貨に交換する必要があった。しかもいったん交換した東ドイツの通貨は持ち出すことができなかった。全部使い切ってこなければならなかった。ところが東ベルリンに行っても、碌な店も商品もなく、せいぜいまずいコーヒーを飲んでくるしか、使いようがなかった。

初めて東ベルリンに入国し帰ろうとした時、検問所で東ドイツのマルクを持っているかどうか訊ねられた。正直に使い残しを持っていると答えたところ、持ち出すことはできないという。それならばもう一度西のマルクに交換しようと思い、交換所に行きかけたところ、再交換はできないという。それではどうしたらよいのか、困っていると、そばに置かれた缶を指差してこういった。「お前はそのなかに置いてゆくことができる」。そこには貯金箱のような缶が置いてあった。缶の上には貨幣を入れる穴が開いていた。残った貨幣をそこに入れることで、検問所を通過することができた。

いま兵士のいった言葉を「置いてゆくことができる」と訳したが、これが適訳かどうか自信がない。「捨てることができる」、「放置することができる」、「諦めることができる」、「処分することができる」。どれが適訳なのか分からない。ともかくこうやって数マルクを支払って、私は検問所の規則を学習した。

一対一の交換比率は、その当時の実勢の四分の一といわれていた。つまり闇市へ行けば、西の一マルクは東の四マルクになると言われていた。検問所を通過して東ベルリンに入国すると、決まってどこからともなく人が寄ってきて、マルクを交換しないかと誘った。しかもそれは路上でのことだった。交換レートはいくらだと訊ねると一対一だという。こんな安いレートで、しかも危険な交換をする者はだれもいない。交渉を始めれば、レートは上がってゆくのだろう。しかし周囲では人民警察が目を光らせている。そのような危険に好んで巻き込まれる者はだれもいない。

いったいどうしてそれほど西のマルクを欲しがるのか。はじめは事情が分からなかった。ところがやがて、東ベルリンには西側の通貨を持っていれば、西側商品を買える特別の市場があることを知った。その市場にゆくと、一般庶民の手に入らない西側商品が、自由に買えるという。しかし東側にいて西の通貨が手に入るのは、特別の人種に限られている。特権階級は庶民の買えないような西側商品を手に入れることができる。これがノメンクラツア（特権階級のこと）の実態なのか、初めてその実像を垣間見た気がした。西の通貨が手に入らない家では、子どもに「うちにはどうして西のマルクがないの」と聞かれても、親達は首をすくめるしかなかった。

路上でのマルク交換がいかに危険なことか、大使館からあらかじめ注意を受けていた。かならず人民警察が見張っていて逮捕されるという。しかし一度東側を旅行してきたご婦人から、一対八で交換したという話を聞いた。危険ではなかったのかというこちらの質問に、彼女は個人の住宅内でやった、ごく私的な交換だから問題ないという。あるいはそうなのかも知れない。

いずれにしても西側の貨幣を求める人は、東ベルリンに限らず、当時の東欧圏には必ずいた。人々にとって西側製品は垂涎の的だった。外貨だけが通用する特別の市場が、社会主義圏にはあるという事実そのものが、私には興味深かった。

✢ブラントの登場

このように東西ドイツの対立が、氷のように凍結し、にっちもさっちも行かなくなっていた時、ウィリー・ブラントが西ドイツ首相となった(一九六九年)。彼は「一つの国民。二つの国家」というスローガンのもとに、独自の「東方政策」を展開し始めた。ブラントは東西分裂の現実を受け入れ、東西両ドイツ政府が相互の存在を認め合うことを提案した。この呼びかけに応じて、第二次世界大戦後初めて東西ドイツ国家は相互の存在を認めることとなった。それはナチス帝国崩壊から二七年後のことだった。

それとともに西ドイツ・西ベルリン間の交通は、かなり合理化され、利用者に便利になった。まず第一に検問所のゲート数が増えた。それ以前はたった一つだったので、長い待ち行列ができた。しかし一九七二年以降は、現在の日本のハイウェイ並みにゲート数が増え、それだけ待ち時間が短くなった。国境警備兵の官僚的な無表情は相変わらずだったが、それぞれのゲートにコンベア・ベルトをつけ、パスポートを流れ作業のように処理するようになった。この新方式を初めて見た時は、むしろこちらが戸惑った。

ブラントはこの東方政策によって、一九七一年度ノーベル平和賞を受賞した。オスロで開かれた受賞記念講演で、ブラントはかつてドイツ人で初めてノーベル平和賞を受賞したカール・フォン・オシエツキーに触れた（一九三六年受賞）。彼は一九三〇年代のドイツ平和協会の指導者であり、ナチス・ドイツがヴェルサイユ条約に反して、軍事拡張を企てている事実を公表した。ナチス政権は彼を逮捕し、刑務所に送った。ナチス政府はその受賞を断るようオシエツキーに圧力をかけた。その交換条件として、刑務所からの釈放、生活の保障、生涯にわたって逮捕することはないという条件を提示した。しかし彼はそれを断り、ふたたび刑務所に戻っていった。

いったいブラントの東方政策の原点はどこにあったのだろうか。彼はいかにしてアメリカとある距離感を持った、西ドイツ独自の外交路線を構想するに至ったのだろうか。国際ジャーナリスト、フローラ・ルイスは、それをベルリン市長ブラントの一九六一年八月の体験にあるとしている。その時ブラント市長はアメリカという保護者の無関心、裏切りに対して、生涯忘れることのない「恨み」を抱いたという。それが彼の東方政策の原点だったという。それはいったいどのような体験だったのだろうか。

一九六一年八月一三日、東ドイツは突如として東西ベルリン間に鉄条網を張り始めた。たまたま西側の通りに遊びに来ていた四、五歳の少年が、取り残されてしまった。東側にある家に帰ろうとして少年は、東側の兵士に鉄条網を渡らせてくれと手を差し伸べた。いったん兵士は「坊や。ここはもう誰も通れないのだよ」と告げたが、鉄条網に隙間を作り、その坊やを通させようとした。この兵士の行動は直ちに上官に発見された。その後、その兵士がどのような運命を辿ったのか、知る者はいない。

初めは鉄条網であった隔離線が、次第に厚さ三〇センチのコンクリート製の壁に置き換えられていった。鉄条網が張られ始めた当初、ドイツ民主共和国（東ドイツ）国家評議会議長（事実上の元首）ウルブリヒトは、まだ国際記者団を前にこう語っていた。

「壁を築こうとする者は誰もいない。我が首都の建設労働者は、庶民のための住宅建設に手一杯である」。

ところがその数日後には、東側兵士による壁の建設が始まった。東側市民は手を出すすべがなかった。しかし西側市民がこれを見て抗議の声をあげた。彼等の怒りは頂点に近づいていた。八月一七日、二五万人の西ベルリン市民が市役所に集まり、いまや東西境界線となったブランデンブルク門に向かってデモ行進を始めた。彼等は手に何も持っていなかった。まったくの素手だった。

その時、市民の前に立ちはだかったのが、西ベルリン市長ウィリー・ブラントであった。彼は懸命になって、群集をなだめようとした。デモ隊の行く先では、ソ連の戦車隊と東ドイツ人民軍が待ち受けている。いかなる混乱、流血騒動が起きないとも限らない。それはデモ隊とソ連軍との小競り合いを超えて、世界全体の対立に発展しかねなかった。しかしこのブラントの行動は、考えようによっては、西ベルリン市民に対する裏切りと取られかねなかった。しかしブラントは懸命になって説得を続けた。ブラントの熱意に押された群集は、デモを思いとどまった。

いったい、ブラント市長がアメリカに対して「恨み」を抱いたというのは、どういうことだったのだろうか。ルイスはアメリカ大統領から西ベルリン市長のもとに届いたメッセージが一因だったと見ている。そのメッセージとは、どのようなものだったのか。市民の流出に頭を痛めていた東ドイツ政府は、ついに東西ベルリンの境界線に有刺鉄線を張り、人々の交通を遮断した。この報告を受けてアメリカ側は、これこそ西側の「宣伝上の勝利」だと叫んだとルイスは言う。

たしかに西ベルリンはこれまで「西側のショーウィンドー」という役割を忠実に演じてきた。東ベルリン人からすれば、西ベルリンとは自分達がいかに惨めな生活をしているか、それを見せ付ける鏡となった。多くの東ベルリン人が故郷を捨てて、西側に脱出した。彼等は「足による投票」を実行した。その数字がどのようなグラフを描くのか、東ドイツ政府要人は目を背けたかったことだろう。それは自分達の体制が、いかに不人気かを雄弁に物語っていた。その挙句の果てに、いまや東西国境線に有刺鉄線を張り、それをコンクリート製の壁に変えようとしているのだ。それはまさに「西側の宣伝上の勝利」にほかならなかった。

✣ケネディーの訪問

しかし東西対立の第一線に立つ西ベルリン市長は、激高する西ベルリン市民を身体を張ってなだめなければならなかった。彼等のデモ行進の行く先で、いかなる惨劇が待ち受けているのか、それを知る者は、東西対立の最前線に立つ者だけである。後日ブラントは「感情の爆発を抑え、理性的に行動しなければならない。明晰な頭脳が熱い心を支配しなければならない」と、当時の心境を告白した。へたをすれば、西ベルリン市民から「裏切り者」「反逆者」とも呼ばれかねないなかを、懸命になって市民を説得した。市民はしぶしぶブランデンブルク門へのデモ行進を断念した。ブラントは米ソ対立という動かしがたい現実を見つめ、いまや東ドイツだけでなく、東側ブロック全体との共存が必要だと決意したのは、この瞬間だったとルイスはみている。
その時、ブラント市長は声明を発表し、こう言った。

「ベルリンの真ん中に境界線が引かれただけでなく、強制収容所の塀が作られたのだ。政府と自称する一部の人間の集まりが、自国民を閉じ込めようとしている。コンクリートの柱、鉄条網、死の地帯、監視塔、機関銃、これらは強制収容所のシンボルである。アメリカ、フランス、イギリスはソ連政府に対して積極的な措置をとることを我々は期待する。単なる抗議だけで済ませてはならない。」

さらにブラント市長はアメリカ大統領（ケネディー）宛てに私信を送り、こう言った。

「ベルリンに駐留する西側三カ国の司令官は、以前いわゆる国家人民軍がパレードをするだけで抗議しましたが、いまや国家人民軍がベルリンの東地区を軍事的に占領したのに、一片の抗議だけで満足しております。西ベルリン市民は西側三カ国の対応に疑問を起こしております。何もせず、防衛的な態度をとれば、西側戦勝国に対する信頼の危機を招き、東側には過度の自信を持たせる結果となることでしょう。その結果、ベルリンへの脱出ではなく、ベルリンからの脱走が始まるかもしれません」。

そして場合によっては西側が独自のイニシアティブでベルリン問題を国連に提起すべきだとも主張した。「東ベルリンで起こっている多くの悲劇を前にして、我々全員が危険を顧みず、最後の決断をせざるをえないのです」。

こうしたベルリン市長からの私信を受けて、ケネディー大統領は副大統領のリンドン・ジョンソンを特使としてベルリンに送り込んだ。それと同時に西ドイツの都市マンハイムに駐屯している戦闘軍団一五〇〇名をベルリンに派遣した。ジョンソンも戦闘軍団も西ベルリン市民の熱狂的な歓迎を受けた。

しかし、この戦闘軍団の派遣には多くの人々が危惧を抱いた。果たして東ドイツはその領土内をアメリカ武装軍団が通過することを黙認するだろうか。もしかしたらベルリンに辿り着く前に、アメリカ軍対ソ連軍との戦闘が始まりはしないか。それは決して根拠のないことではなかった。その可能性はじゅうぶんにあった。しかし幸いにもアメリカ軍団は無事ベルリンに到着、西ベルリン市民の熱狂的な歓迎を受けた。

ベルリンに乗り込んだジョンソン副大統領は、ブラント市長宛てのケネディー大統領の私信を携えていた。長年この私信は公表されることはなかったが、今では我々はその内容を見ることができる。

ケネディーは慎重かつ断固たる態度でブラント市長を抑えようとしている。国連にベルリン問題を提起せよというブラント市長の提案を、穏やかではあるものの、断固として拒否している。またブラント市長の「最後の決断の時だ」という主張に対しては、「あなたも我々も同盟国のだれも、今の時点で戦争を始めなければならないとは考えてはおりません」となだめている。そして「我々自身が慌てるべきでない」とも言っている。

ジョンソン副大統領は出発前にケネディー大統領から、八月一八日つけの秘密文書を受け取っていた。そこにはブラント市長と率直な意見交換を行うこと、それと「他者を性急に批判することは避けるべきだということを、はっきり伝えるよう期待いたします」と書かれていた。

帰国後ジョンソン副大統領はケネディー大統領にメモを提出した。

「自由と暴政のコントラストはきわめて明白である。この分断された都市では、それを肌身に感じることができる。ソ連が東ベルリンで行ったことは、鉄条網であり、封鎖された国境であり、無人の通りであり、無人の店舗であり、抑圧のための戦車であり、国民の逃亡であり、経済的な荒廃であり、政治的な隷属であった」。

そしてそこにはこうも書かれていた。「世界中の目がベルリンに集まった今日、我々は専制政治と自由社会とのコントラストを鮮明に浮き立たせる、いまだかつてないチャンスに恵まれたのだ」。

さらにまた副大統領ジョンソンは帰国後、ケネディー大統領に対して秘密報告書を提出している。この文書も長年公表されることはなかった。そのなかには、アメリカ側と西ベルリン市長との微妙な食い違い、ずれ、感情的なもつれを思わせるものが記録されている。例えば「ジョンソン副大統領とブラント市長との一九六一年八月一九日の議論の要約」ではこう記録されている。

「ブラント市長には、大統領にあてた市長の手紙が公開されたことによって、遺憾な結果が生じたことについて報告がなされた。これに対して市長は大統領にあてた手紙が彼の許可なしに公表されたことに対して遺憾の念が表明された。そして手紙の内容を暴露した責任は自分にはないと言明した。しかしすでに過去になったことを、際限なく非難するのではなく、協力について話し合うことが今回の訪問の目的であることが伝えられた」。

そしてこの秘密報告は、一〇項目からなる勧告で締めくくられている。その中には、一項目として「西ベルリン市内に大規模な国際的な教育ならびに文化あるいは科学センターを建設する財政負担をする旨発表するのが望ましい」という項目がある。この項目は私のベルリン滞在と無関係ではない。西ベルリンはベルリン自由大学、ベルリン工科大学、ベルリン音楽大学などいくつかの大学をすでに持っていたが、それらと並んで政府資金によっていくつかの研究所が作られつつあった。私は創設間もない研究所の一つに籍を置き、そこで研究生活を送った。

ブラントは一九六二年一〇月、ハーバード大学の公共政策大学院に招聘され、講演をした。「我々は壁とともに生きてゆかねばならない。いきり立った抗議は当然で必要でもあった。しかしそれだけでは事態は変わらない。壁は依然として残っている」と説いた。さらに回想録のなかでは、その当時の気持ちをこうも書いている。

「東ドイツは西側一の大国の向こう脛を蹴り上げた。しかしアメリカは不機嫌そうに顔をしかめただけだった。この日の体験が私のその後を決定づけた。私が求めたのは、和解ではなかった。西側の伝統的な決まったやり方が、もはや役に立たないだけでなく、現実離れしていることを悟った」。

そのブラントがアメリカを訪問した翌年、今度はケネディー大統領が西ベルリンを訪問した。それは東西ベルリンの分断から二年後の一九六三年六月のことだった。彼は市役所のバルコニーに立って、四五万人の聴衆を前に「私はベルリン人だ」と演説した。彼はこの箇所をドイツ語で二度繰り返した。その時、ケネディーにとって西ベルリンは「西側のショーウィンドー」以上のものとなっていた。西側諸国が最後まで死守すべき責任を負った都市となっていた。こう演説するケネディーの肉声を聞いて、多くの西ベルリン人は自分達が見捨てられていないことを実感した。そしてショーウィンドー以上の存在であることを、改めて確認した。

その日ケネディーはブランデンブルク門の前に立った。その時すでに門の前には、東西分断の壁が立ちはだかっていた。つまり門は東側の占有物となり、西側からでは近づけなくなっていた。ケネディーは西側に立てられた物見台に立った。ふだんならば、ブランデンブルク門の門柱の間から、東ベルリンが覗けるはずである。ところが東側はその日に限って、赤い幕を垂らして視界をさえぎった。とうとうケネディーは東ベルリンを垣間見ることができなかった。そして彼は永遠にその機会を失った。この西ベルリン訪問の五ヶ月後、ダラスで凶弾に見舞われ、彼の目は永遠に閉じたからである。

東西ベルリン間が壁で塞がれたことで、それなりの均衡ができあがった。東からすれば、これで「絶え間のない出血口」が塞がれ、労働力の流出が止まった。若者の流出、高い教育を受けた技師、医師など専門職の流出も止まった（彼等は国家の支援のもとで、無償の高等教育を受けた、貴重な労働力だった）。それとともに東ドイツ経済は上昇傾向に向かった。にわかに環境が変わらないとなれば、人々はその環境と折り合いをつけながら、環境に合った目標を掴むしかなかった。映画「グッバイ・レーニン」（二〇〇三年公開）に描かれた主人公の母親が、社会主義青少年運動に情熱を傾けたように、東ドイツ社会にふさわしい情熱のはけ口を見つけていった。

ただ東側市民が壁をどう見ていたか、その実態は西側にはなかなか伝わらなかった。しかし西側の人間の想像とは違って、東側市民はむしろ壁の構築を歓迎したという話もある。壁のない時代には、安い食料品を求めて、西側市民が連日東側の商店にやってきた。東西の賃金格差、貨幣価値の格差は、一目瞭然としていた。この西側からの買出し部隊のお陰で、棚から商品が無くなったり、値段が吊り上ることがしばしばあった。その被害を受けたのは、安い賃金で我慢させられていた東側市民であった。壁ができることで、膨らんだ財布をかかえた西側市民の買出しも止まった。壁はこうして東側市民を防護してくれた。西側市民は東西ベルリン間に開いた脱出口を「自由と希望の出口」と見ていたが、東側はそれを「商品が流れ出てゆく傷口」とも見ていたことになる。

✝壁を隔てて

私がベルリンに到着した一九六八年当時、西ドイツ側はドイツ民主共和国（DDR）という言葉を使うことはなかった。かならず「いわゆるドイツ民主共和国」と呼んだ。要するに正式の国家とは認められていなかった。西ベルリンの地位をめぐって、しばしば東西のつばぜり合いが発生した。東ドイツは西ベルリンの土地を、ドイツ連邦共和国（西ドイツ）の領土とは認めなかった。あくまでもそれは東ドイツの領土だった。だから彼等は西ドイツ政府が西ベルリンの土地を政治的な行事のために使うことに、つねに神経を尖らせた。

西ベルリンの西の郊外には、シャルロッテンブルク城という美しい城が残されている。私が滞在していた頃は観光客も少なく、ゆっくり城の内部を見学できた。一九六九年、西ドイツ連邦議会の会議がこの城の中で開催された。さっそく東ドイツ政府は抗議した。西ベルリンはドイツ連邦共和国（西ドイツ）の領土ではないと、かねてからの主張を繰り返した。そしてベルリン全体がドイツ民主共和国（東ドイツ）の首都であり、ドイツ連邦共和国の主権の及ぶ地域はいっさい存在しないと主張した。

その当時、西ベルリンは連邦議会に議員を送ってはいたが、彼等には表決権が与えられていなかった。西ベルリンの政治的、外交上の地位は、東西対立の狭間にあっていまだに確定していなかった。いずれ国際的に決定されるまでの暫定措置がとられていたに過ぎなかった。

東ドイツ政府は、連邦議会が開催されている期間中、軍用機を西ベルリンとの境界線沿いに旋回させた。境界線すれすれに飛び続ける軍用機はいかにも威嚇的で、挑発的だった。しかし会議場では、「我々はいまここで、ドイツ連邦共和国の大地の上に立っている」と一議員が発言すると、満場割れんばかりの拍手が舞い上がった。

東西に分断された道路では、しばしば涙ぐましい光景が展開された。西側に住む若夫婦は境界線近くに立ち、はるか遠く東側に立つ年老いた母親に向かって、生まれたばかりの赤ん坊を高く掲げて見せようとした。年老いた母親は、自分の孫を抱きかかえることも、キスをすることもできなかった。もっと気の毒だったのは、その若夫婦の夫の方だった。境界線近くに立つ東側国境警備兵が何かしだすのではないかと、おどおどはらはらしていた。

ある花嫁は結婚衣装をまとって、境界線近くに立った。東側のはるかかなたには、我が子の花嫁姿を見ようと、年老いた夫婦が立っていた。彼等の間には有刺鉄線が張られ、一〇〇メートルほどの隔たりが横たわっていた。

壁見物のために西側にはいくつか見物台が立っていた。ある時、日本からの訪問者をこの見物台に案内した。隣には三〇歳がらみの男性が立っていた。はるか遠く東側には赤ん坊をかかえた彼の妻が立っていた。男性は大声をあげて妻に語りかけた。「小包を送ったがとどいたか」。それに対して東側の妻が何か答えたようだが、声は届かなかった。彼等はしばらく大声を張り上げて会話をしていた。ところがそこに国境警備兵を乗せた車がやってきた。彼等の会話はそれで途絶えた。

帰りしなに、その男性に声をかけてみた。もともとは夫婦二人で東に住んでいたという。しかしある日を境に、男性だけ仕事の関係上西側に留まり、それ以来別居が始まったという。妻は脱出の機会を逸したのだという。

✝二つの建国記念日

一九六九年一〇月、ドイツ民主共和国建国二〇周年記念祭が開かれた。その当時、西ベルリンに住んでいた私は、いつものと通り検問所を通って東ベルリンに入っていった。そしてそれから二〇年経った一九八九年一〇月の建国四〇周年記念の日、私はたまたまベルリンに立ち寄った。イギリスで開催された国際会議の帰り道であった。今度の四〇周年記念がどのような雰囲気のものなのか、それを見るために東ベルリンに入っていった。

その日、フリートリヒ検問所は大勢の入国希望者で長蛇の列ができていた。列の最後に並びはしたものの、いつになったら入国できるのか、見当がつかない状態だった。ところがそのうちに国境警備兵がやって来て、私ともう一人ヨルダンからきた青年に向かって、列から出るようにといった。そして、あとをついて来いという。嫌な予感がした。どこへ連れて行かれるのか不安になった。しばらく(といってもかなりの距離があったように思う)歩いているうちに、地下道のところで立ち止まり「この道をまっすぐ歩いて行けば、西ベルリンまでゆくことができます。どうぞこちらからお帰りください。本日の入国は認められません」と告げられた。実に見事な入国拒否である。その鮮やかさには一瞬唖然とした。一時はどこかへ連行されるのではないかと、緊張していただけにしばらくポカッとしていた。

しかしいつまでもポカッとしていても始まらない。気を取り直して、作戦を練り出した。何よりもまず国境警備兵を口説き落とすしかない。それには混雑したフリートリヒ検問所よりも、チェックポイント・チャーリーのほうがまだましなのではないかと考えた。そこでチェックポイント・チャーリーに回ってみた。フリートリヒ通りから地下鉄で二駅行けば、チェックポイント・チャーリーまで行ける。ところがそこも入国できない人々が、たくさんたむろしていた。聞いてみると、アメリカから修学旅行できた大学生達だという。折角ここまできたのに東側に入れないのは残念至極、そのような表情で検問所のかなたを見やっていた。

彼等と話しているうち、日本のパスポートを持った人が入国してゆくのを見たという者がいた。ものは試しである。「それなら俺もいっちょやってみるぞ」といって、東の検問所に向かって歩き出した。アメリカ人学生達は、背後から陽気に「頑張れ！」と声援を送ってくれた。

チェックポイント・チャーリーでは、東側の検問所まで辿り着くまで、かなりの距離を歩かねばならない。途中で何人もの人々とすれ違った。国籍を尋ねてみると、ベルギー、デンマーク、イギリス、フランス、アメリカ、カナダとさまざまである。だれしも首を横に振っていた。入国を断られ、戻ってきたところだった。

東側の検問所に辿り着き、私は国境警備兵にこう説明した。「今から二〇年前に貴国の二〇回目の誕生日をともに祝った。今回貴国の四〇回目の誕生日をともに祝することは、私にとって特別の意味がある。ぜひとも入国させてくれないか」。国境警備兵が「入国する目的は何か」と訊ねるので、「貴国の繁栄ぶりを見たい」と答えると、兵士はどこかに電話をかけ出した。

「いまここに日本人のプロフェッサーと称する人物がきている。二〇周年記念の時、東ベルリンにいたので、今回も入りたいといっている。ドイツ語を話すのだから、それは事実なのだろう。しかしプロフェッサーであることは、パスポートでは確認できない。見掛けは……」といったことを話している。

その時まさかと思うことが起こった。その兵士が、私の入国を認めてくれたのである。その日、外国人で東ベルリンへ入国できた者がどれほどいたのか、それは分からない。私はまったくの例外だったのだろうか。

その日、ソ連大統領ゴルバチョフをはじめ、東側友好国要人やアラファト議長を迎え、東ベルリンでは建国四〇周年記念の式典が開かれようとしていた。世界中の友好国の代表の訪問を受け、東ベルリンの警戒は厳重をきわめていた。さらにまた、その年の夏以来、東ドイツ各地で戦後最大規模のデモが続発し、東ドイツ政府はこの国情不安に神経を尖らせていた。デモといっても、あくまでも終ってしまって初めて「デモ」と名づけられるだけで、当時の東欧の緊張状態を見れば、それがいつ騒乱、暴動、動乱、内乱、蜂起、はたまた革命に発展しないとも限らなかった。東ドイツの建国四〇周年記念はまさにこうした騒然とした雰囲気のなかで行われようとしていた。

一〇月六日、ようやくのことで東ベルリンへの入国を認められた私は、はるかかなたからゴルバチョフの姿を望むことができた。周囲の東ベルリン市民は彼に向かって「ゴービー、ゴービー」と熱狂的な声援を送っていた。はじめ私はそれを遠来の賓客に対する儀礼的な歓声だと思っていた。ところがそのうちに「ゴービー、ゴービー」という大歓声に混じって、かすかに「我々を助けて！」という言葉が混じっていることに気づいた。「助けて！」。たしかにだれかがそう叫んでいる。いったいだれがそう叫んでいるのか、声の主を探そうとしたが、人混みのなかで発見できなかった。

これまで東ベルリン市民がソ連代表を憎悪、嫌悪、恐怖の目で見ることはあっても、彼等に向かって「助けて！」と叫ぶことはなかった。スターリン、フルシチョフ、コスイギン、歴代のソ連代表は、憎悪、嫌悪、恐怖の対象でこそあれ、けっして「助けて！」と叫ぶ相手ではなかった。彼等はつねに人民抑圧のためソ連戦車隊を送り込み、彼等に向かって銃口を開く張本人だった。ところが今やだれかがゴルバチョフに向かって「助けて！」と叫んでいるではないか。今まさに磁石のNとSが逆転し始めているのだ。

この時私が耳にした「ゴービー、助けて」という叫びは、途切れ途切れの断片としか届かなかった。ところが当のゴルバチョフは、その声をはっきり聞きとっていた。後日彼はその回想録のなかで、このドイツ民主共和国四〇周年記念日の体験をこう語っている。

「友好国代表の前をパレードする自由ドイツ青年同盟、ドイツ社会主義統一党の人々は、口々に叫んでいた。「ペレストロイカ！」、「ゴービー、我々に援助を！」と。昂奮したポーランド大統領は私のところに歩み寄って、こういった。「ゴルバチョフ同士。分かりますか。彼等がどのようなスローガンを掲げ、何を叫んでいるのか」。そして彼はそれをロシア語に訳してくれた。ゴービー、我々を助けて！。これで党の幹部はおしまいだ！」。

その日ゴルバチョフは同じメッセージをもう一度受け取った。しかもそれは叫び声としてではなく、書きつけた言葉としてであった。青年男女の集まる集会に出席したゴルバチョフは、一人の少女から花束を受け取った。その少女は花束とともに一通の手紙をゴルバチョフに手渡した。その手紙を開いた彼は、そこにこういう言葉を発見した。「ゴルバチョフ、私達を助けて！」。

すでにゴルバチョフの断行するペレストロイカ、グラスノスチは、東欧世界の屋台骨を揺さぶっていた。一九八九年夏以来、チェコ経由、ハンガリー経由で、東ドイツ人の大量脱出が始まっていた。ことの起こりはハンガリーとオーストリーとの国境だった。一九八八年一一月、ハンガリーでは東欧圏からの独立、西側陣営への接近を目指す改革派政権が誕生した。首相は一九四八年生まれのミクローシュ・ネーメトであり、彼を支えたのはイムレ・ポシュガイ（一九三三年生まれ）であった。彼等の狙いは複数政党制であり、市場経済の導入であり、結社・表現の自由であった。

しかしながら彼等はその魂胆を明かすには、慎重すぎるほど慎重だった。東欧圏からの離脱を図ろうとすれば、一九五六年の二の舞にならないとも限らない。ソ連軍がふたたび戦車隊を送り込み、ハンガリー人民の抑圧に乗り出さないとも限らない。あるいはハンガリー内部の保守派、体制派、反改革派の抵抗・妨害を誘発しないとも限らない。

たしかにゴルバチョフのペレストロイカ路線は、東欧諸国に地殻変動を起こしつつあった。しかしゴルバチョフ政権がいつまで続くのか、それさえ定かではなかった。いつかソ連内部の反対派によって、ゴルバチョフが葬り去られるかもしれない。こうした内外の情勢を考えると、彼等は二重にも三重にも慎重にならざるを得なかった。

ハンガリー社会主義労働者党の政治局員ポシュガイの表現を使えば「強いゴルバチョフがあぶなっかしい玉座に座っているのか、それとも弱弱しいゴルバチョフが強固な玉座に座っているのか、それが分からなかった」。

こうした世界情勢のなかでは、ハンガリーの改革派は自らをカモフラージュしながら、一歩ずつ粘り強く政権に近づいていった。それは長くて忍耐のいる歳月であった。ソ連がどう出るか、国内の反対派がどう出るか。周囲のコメコン体制下の国々がどう動くか。彼等が改革派を名乗り出るまでには、長い雌伏沈潜の時代が必要だった。慎重の上にも慎重に腹の底を隠す必要があった。ポジュガイはあるインタビューのなかで「それではあなたは何十年もの間、裏表両方の思想を抱いてきたのか」と訊ねられ、「まさにその通り」と答えた。「公的な場面では決められたように行動し、すこしでも自分の信念を生かせる場が与えられれば、それを生かした」。それはハンガリーだけのことではなかった。東欧の改革派共通の生き方であった。

ハンガリー・オーストリーとの国境問題は、はじめはごく技術的な問題から始まった。長さ二四六キロメートルのこの有刺鉄線は、一九六五年以来すでに長い年月を経て、交換の時期が迫っていた。ところが最初の供給元であったソ連では、もはや防錆有刺鉄線を製造していなかった。その代わりを求めるとすれば、西側のどこからか輸入するしかない。それには多額の外貨が必要である。政府は国境の有刺鉄線を古びるままに放置するか、あるいはいっそのこと撤去するかという選択に迫られた。

改革派政権から見れば、この有刺鉄線こそ時代遅れの「鉄のカーテン」の一部であり、「道徳的にも、技術的にも、政治的にも時代遅れの産物」であった。政府首脳は一九八九年の初めには有刺鉄線の撤去の可能性を検討し始めた。しかし彼等はあくまでも慎重だった。四月一八日から部分撤去の試行を開始した。しかもその作業を国の内外に知らせず秘かに始めた。果たして「鉄のカーテン」の一部にほころびを作って、ソ連が黙っているかどうか。周囲の社会主義同盟国が黙認するかどうか。国内の反改革派が異議を唱えるのではないか。すべては賭けであった。

この改革路線に立つ政府が初めて有刺鉄線の撤去を公表したのは一九八九年五月二日のことであった。このハンガリーでの鉄のカーテン撤去作業は、世界中に大きな反響を呼び起こした。さっそくルーマニアはハンガリー・ルーマニア間の国境に有刺鉄線を張り巡らせた。つまり鉄のカーテンはハンガリー・オーストリー間からハンガリー・ルーマニア間へと東側に移動したことになる。

ハンガリーはもともと東ドイツ市民にとっては、人気の高いバカンス先であった。毎年夏になると多くの東ドイツ市民がハンガリーを訪れた。彼等はハンガリーの地理をよく知っていた。そのハンガリーがいまやオーストリーとの国境の鉄条網を撤去し、鉄のカーテンに穴を開けた。この事実を知った時、東ドイツ市民にはあるアイディアがひらめいた。ハンガリーへの旅行者が急増した。

夏休みに入ると、とうとう東ドイツ政府の恐れる事態が発生した。ハンガリーを目指す東ドイツ市民の車が長蛇の列を作るようになった。国境地帯では、法外な値段で国境越えを請け負うトラックが群がりだした。

しかし国境の有刺鉄線が撤去されたといっても、東ドイツ市民のオーストリーへの出国が容易になったわけではない。六月一二日にはジュネーブ難民協定がハンガリーでも発効となったが、ハンガリー秘密警察長官は依然として、東ドイツ市民はこの難民協定に基づく難民とはみなされないと表明していた。この難民協定では亡命者は元の国に戻されることはないと規定されていたが、東ドイツ市民にはこの規定は適用されないと説明していた。

こうしたなか、八月一九日には「ヨーロッパ・ピクニック」が行われた。ハンガリーのショプロンに集まった人々は、鉄のカーテンを越えてピクニックを行った。この集会開催の原動力となったのは、オットー・フォン・ハプスブルク（旧オーストリー帝国皇帝ハプスブルク家ゆかりの政治家、ジャーナリスト）

とハンガリー国内に登場しつつあった改革派の市民グループであった。この時、約六〇〇人の東ドイツ市民がオーストリアにピクニックに出かけ、戻ることはなかった。しかし鉄のカーテンが開いたのは、ごく数時間だけのことで、扉はふたたび閉ざされた。

東ドイツ市民の期待とは裏腹に、依然としてハンガリー・オーストリー国境は閉ざされたままだった。八月二二日にはオーストリーに向けて脱出を企てた東ドイツ市民が、ハンガリー国境警備兵によって射殺される事件が発生した。東ドイツ市民は、自分達の期待が裏切られたと感じた。

ハンガリー経由でオーストリーへ出国することができないことが分かると、今度は東ドイツ市民はプラハにある西ドイツ大使館を目指すようになった。チェコ・スロヴァキアへはヴィザなしで国境を越えることができたためである。たちまちプラハにある西ドイツ大使館めがけて、多数の東ドイツ市民が西ドイツへの亡命を求めて殺到した。彼等は大使館の柵をよじ登って大使館敷地内に入り込み、大使館内に立て籠もった。同様なことがポーランドのワルシャワでも起こった。東ドイツはいまや内部溶解の様相を呈し始めた。

しかし一挙に大勢の東ドイツ市民が押しかけたプラハの西ドイツ大使館は、たちまち生活環境は悪化し、衛生状態は極限に達した。一時は六〇〇〇名を越える東ドイツ市民が大使館に立て籠もり、足の踏み場もなくなった。部屋から溢れた人々は廊下や階段に座り込んだ。

この西ドイツ大使館周辺には一応警備のためチェコ・スロバキアの警官が立っていたが、押しかける東ドイツ市民をどう扱うか、彼等は政府から何の指示は受けていなかった。亡命者達は警官の眼前で、大使館の高い鉄柵をよじ登ろうとした。しかし警官はそれを黙って見ているだけだった。この警備状況が東ドイツ市民に伝わると、それがさらなる亡命者を呼び込んだ。

東ドイツ政府からすれば、タイミングが悪かった。数日後に建国四〇周年記念日を控え、できるだけ穏便に収める必要があった。そこで東ドイツ政府は弁護士フォーゲルをプラハの西ドイツ大使館に派遣し、亡命者達に向かってこう説明した。「いま東ドイツへ戻れば、半年後には合法的に西ドイツへ行けるよう措置をとる」。

このフォーゲル提案を耳にして、幾人かの亡命希望者は迷った。半年後とはいえ、合法的に西ドイツに出国できるようになる。合法的に出国すれば、いずれふたたび合法的に祖国東ドイツに戻ることができるだろう。

亡命希望者といっても、その背景はさまざまだった。中には二度と東ドイツには戻るまいと覚悟の上、一家挙げて脱出してきた人々もいた。しかし多くの人々は東ドイツに家族、親戚、友人、恋人を残してきている。彼等との再会を期するのであれば、合法的な出国は魅力的だった。合法的な出国という手続きをとっておけば、再入国の可能性があるだろう。そうすればいずれは家族、親戚、友人、恋人に再会することができるだろう。大使館内に立て籠もった亡命希望者の間には、しばらく沈黙が支配した。

しかし亡命希望者の心は大きく動いた。「でたらめに決まっている。そうやすやすとだまされないぞ」。そういう雰囲気が大使館内を支配した。フォーゲル提案を信じる者はいなかった。彼等はあくまでも大使館に踏み止まる決心をした。しかしフォーゲル提案を信じた者も若干いた。幾人かの東ドイツ人は、フォーゲル弁護士の証明を手にして、特別仕立てのバスに乗って東ドイツに戻っていった。

九月三〇日の夕刻、今度は西ドイツ外相ゲンシャーがプラハの西ドイツ大使館に乗り込んできた。彼はアメリカでの外相会談を終え、そこから直接プラハに乗り込んできた。彼は大勢の人々が立て籠もる大使館の廊下を、人々の身体を跨ぐようにして階段を登り、バルコニーに立った。すでに辺りには夕闇が迫っていた。彼は六〇〇〇人もの東ドイツ市民に向かってこう呼びかけた。「みなさん、ドイツ連邦共和国は皆さんを心から歓迎いたします」。そういった途端、歓声と拍手の嵐が巻き起こり、しばらく彼は次の言葉を発することができなかった。「皆さんにお伝えいたします。ただいまから皆さんの出国が始まります」。ゲンシャーはそう言いたかったのだろうが、聞き取れたのは「出国」という言葉だけで、最後の方は嵐のような歓声と拍手でかき消された。

一九時三〇分には最初のグループが、大使館を出発し、自由への列車の待つ駅に向かった。駅では東ドイツ政府が用意した西ドイツ行きの特別列車が待っていた。目的地はチェコ国境に一番近い西ドイツのホーフ駅であった。ある者はカメラに向かって、こんなことが起こるとはまったく考えなかったと語った。ある者は六週間も頑張った成果だったと語った。またある者はこれで帰るべき故郷を永遠に失くしたとも語った。ある者はフォーゲル弁護士の言葉を信じ、東ドイツに戻って行った仲間に思いをはせた。さらには家族を捨ててただ一人フォーゲル弁護士のもとで、東ドイツに戻る手続きをした者のことを思った。しかし列車は確実に自由の世界を目指して走った。このニュースは世界中を駆け巡った。

多くの亡命者達が去った大使館では、さっそく後片付けが始まった。六〇〇〇人近くの人間が長期間過ごしたその館は、ごみの山になっていた。作業員達はそれを片付けながら、これで騒動は終ったと思った。ところがこのニュースを聞いて、さらに多くの亡命希望者がプラハの西ドイツ大使館目がけて殺到した。大使館の前にはふたたび長蛇の列ができた。そうしたなか、大使館のドアが開いて西ドイツ大使フーバーが姿を見せた。人々は彼の口元を見つめていた。いったい彼は何と言うのだろうか。フーバー大使は、彼等に向かってこう呼びかけた。

「皆さん。私達は皆さんを心から歓迎いたします。しばらくの間皆さんのお世話をいたしますので、どうぞこのドアからお入りください」。

東ドイツ市民は歓声をあげながら、一刻を争うようにして大使館内に駈け込んだ。その時、彼等には一刻を争う必要があった。自国民の大量脱出に頭を痛めた東ドイツ政府は、自国民に対してはチェコ・スロバキアへの出国を禁止し、チェコ政府には東ドイツからの旅行者が西ドイツ大使館に近寄らないよう取り締まるよう要請した。

大使館の周りにはチェコ・スロバキアの警官が立っていた。今度は彼等は柵をよじ登ろうとする市民を制止するよう指令を受けていた。警官は辺りを取り巻くカメラを気にしながらも、柵に近づく人々を制止し、よじ登る人の足を引っ張った。しかしドイツ大使館はふたたび多くの亡命希望者で溢れた。

苦境に立たされた東ドイツ政府は、まじかに迫った建国四〇周年記念式典の手前、できるだけ穏便に収めたかった。そこでふたたび特別列車を仕立てて、大使館に立て籠もる亡命希望者を西ドイツに送る計画を立てた。ところがその時、東ドイツ政府はその特別列車を東ドイツ領内を通過させるという決定的な誤りを犯した。このニュースを聞きつけ、東ドイツの各地では最後の望みを抱いた市民が、駅をめがけて集まってきた。警察は駅を立ち入り禁止地区とし、市民を駅から排除する措置を取った。

一キロ以内が立ち入り禁止とされたドレスデン駅には、三〇〇〇人もの市民が集まった。果たしてドレスデン駅にその特別列車が停車するかどうか、知るものはだれもいなかった。しかしドレスデン市民は、もしかしたらこれが自由に向かう最終列車になるのではないかと、パニックに陥っていた。駅では警官隊と市民との衝突が発生した。無防備な市民に向かって警官隊は警棒を振い、放水を浴びせ、警察犬を使って追い立てた。その報道は世界中を駆け巡った。

その事件をエゴン・クレンツは後にこう回想した。

「この時、東ドイツは致命的な判断の過ちを犯した。この列車を東ドイツ領内を通過させたことである。このニュースを耳にして、汽車に飛び乗ろうと若者達が線路上で待ち構えていた。ドレスデン駅は封鎖され、駅前では混乱が発生し、警官隊との衝突に発展した。ふたたび醜い写真が世界中にばら撒かれた。それが建国四〇周年記念日の三日前のことであった」

クレンツとは、それから数週間後には、ホーネッカーの後継者として東ドイツの最高指導者となった人物である。しかし彼の政治生命はわずか五〇日しかもたなかった。東ドイツ市民はホーネッカー直系のクレンツを信用しなかった。市民はクレンツのことを「琥珀に閉じ込められたハエ」と皮肉り、その容貌を歯をむき出した狼にたとえた。「おばあさん、おばあさん。どうしてあなたの歯はそんなに大きいの？」というグリム童話のせりふを、プラカードに書き込んだ。

この東ドイツ市民の反応に、クレンツは自分の感情を抑えることができなかった。失脚後、「壁が崩れた時」という回想録を出版した理由は、この「琥珀に閉じ込められたハエ」という揶揄と、彼の容貌を貶めた漫画に対する怒りだったと自ら告白している。

クレンツに対してはさまざまな罵声、揶揄が浴びせられたが、プラハの西ドイツ大使フーバーにはその人道的な扱いに対して、国外脱出者から心のこもった感謝の言葉が寄せられた。嵐のような歳月がたった後、西側への移住に成功した人々から、フーバー大使に一つのプレゼントが届けられた。それは黒、赤、黄色のティーシャツ、下着の切れ端を継ぎ合わせたドイツ連邦共和国の旗だった。いかにも、ちぐはぐに縫い合わされた不細工な国旗であった。しかしそれは一枚の立派な国旗よりも、はるかに多くの思いが込められていた。

✝ゴルバチョフ対ホーネッカー

ゴルバチョフはこうした雰囲気のなかを、建国四〇周年記念日のためベルリンに降り立った。それはあたかも「煮え立った釜」の中に降り立ったようだったと、彼は表現している。この建国四〇周年記念に先立って東ドイツに派遣されたソ連代表は、東ドイツの政治社会状況が、いまや「一二時五分前」にあると報告した。市民の政治不満は高まり、政治危機は深まり、多くの市民のドイツ社会主義統一党からの離党が起こっていた。何かが起こる兆しは濃厚であった。

ベルリンに到着したゴルバチョフは、さっそく三時間かけてホーネッカーと単独会談を行った。ところがその時のホーネッカーはゴルバチョフに対して、いかに東ドイツが成果をあげているか自慢するだけだった。いかに充実した住宅政策を実行しているか、いまや世界最高水準のマイクロ・エレクトロニクスの水準に達したか、それを自慢することに終始した。その時の様子をゴルバチョフはこう語っている。

「私は何とか彼を胸襟を開いた対話に引き込もうとしたが、成功しなかった。私はもう一度過去の成果をこまごまと聞かされるはめとなった。ホーネッカーの耳には市民から湧き上がる抗議の声は届いていないかのようであった」。

さらにこうも言う。「ホーネッカーは何か構えるところがあり、公式のフロックコートを最後まで脱ぎ捨てることがなかった」。

だがしかしゴルバチョフ対ホーネッカーの対立は、この時始まったのではない。すでにそれ以前から始まっていた。ゴルバチョフは六月一二日から一五日にかけてコール首相をボンに訪問し、会談を行っている。その席上、コール首相が東ドイツ政府を「非難」する文言を吐いたのに、ゴルバチョフは何の反論もしなかったという情報が、東ドイツ政府に伝わった。ただしこの文言は正式な会談記録となっているわけではないので、今からでは確認のしようがない。しかしこの会談直後の六月二二日に開催された東ドイツの社会主義統一党中央委員会では、この経緯が報告され、来る一〇月初旬に予定されているゴルバチョフの東ドイツ訪問を見直すべきだとの意見が出されたという。

さらにその日の中央委員会の席上、ホーネッカーは西側の放送局のコメントを話題に乗せた。それは二〇〇四年のオリンピックにライプチヒが立候補したことをコメントして、西側の放送がこう言ったというのである。「すくなくともホーネッカーは二〇〇四年までドイツ民主共和国（東ドイツ）が存在することを前提に、ものを考えているものと思われる」。中央委員会が哄笑の渦に巻かれたことはいうまでもない。

いまやソ連首脳と東ドイツ首脳との亀裂は明白であった。ペレストロイカ路線を走るソ連に向かって東ドイツは「あなた方は自分の民主主義をおやりなさい。私達は技術進歩に精を出しますから」といった。ドイツ社会主義統一党の教育宣伝スローガンから長年掲げられてきた「ソ連に学べ」というスローガンが取り除かれた。さらに党の最高指導部は、ゴルバチョフの全発言を分析し、マルクス＝レーニン主義に抵触する箇所を抽出するよう、アカデミーに命じた。ホーネッカーはドグマの塊となり、現実を直視する目を喪失していった。これが「一二時〇五分前」の状況であった。

ベルリン滞在中のゴルバチョフは西側ジャーナリストの「ぶらさがりインタービュー」を受けた。それはウンター・デン・リンデンにある「ファシズムの犠牲者のための慰霊碑」を訪問した時のことであった。多くの西側ジャーナリストに取り囲まれ、その場で一問一答が行われた。「現在の東ドイツは危険な状態にあるとは思いませんか」という質問に対して、ゴルバチョフは即座に「そうは思わない」と答えた。そして東ドイツには新たな時代に適応する能力を持った人々が多くおり、何ら心配はないと答えた。そしてこうも言った。「現実に反応することができない者にだけ、危機が訪れる」。

建国四〇周年記念祝典は、プログラム通り進行した。一〇月七日の夜、人民会議場ではホーネッカー、ゴルバチョフをはじめ、東欧友好国代表を招いた祝典が開かれた。他方、その会議場の外側には数千人ものデモ隊が行進していた。記念祝典の最後には、各国代表が起立して「インターナショナル」を合唱した。「人民よ　合図を聞け　立て　最後の戦いに」。会議場の外ではデモ隊が寒い夜空のもとで、同じく「インターナショナル」を歌っていた。「人民よ　合図を聞け　立て　最後の戦いに」。そしてホーネッカーもデモ隊も同じせりふを歌っていた。「インターは人権を勝ち取るのだ」。

ゴルバチョフからすれば、ホーネッカーは東ドイツ建国四〇周年記念日という、またとない機会を逸した。国民に向かって未来に向けての大胆な改革案を提示する機会を、彼は永遠に逃した。「政策で遅れる者は、現実によって厳しく罰せられる」というゴルバチョフの忠告は、とうとうホーネッカーには伝わらなかった。

建国四〇周年記念祝典が済み、モスクワに戻るゴルバチョフには、二つの顔が記憶に残った。一つは改革を求め、希望に燃えた健康で若々しい青年達の顔であった。もう一つは党指導者達の用心深い緊張した顔であった。ホーネッカーは、明らかにゴルバチョフに腹を立てていた。数日前、ホーネッカーは空港までゴルバチョフを出迎えたが、ソ連に戻るゴルバチョフを見送る要人のなかに、彼の顔はなかった。

エゴン・クレンツの回想によると、彼もまたゴルバチョフを空港まで送ることはなかった。しかし彼は言う。「信頼できる友人達の話では、空港に向かう自動車に乗り込む時、ゴルバチョフは切願するように「行動せよ」と声をかけた」。

元来、東ドイツはソ連にとって、最大の経済パートナーであり、東欧諸国のなかではソ連がもっとも信頼する政治パートナーだった。しかしゴルバチョフ主導のペレストロイカが進むにつれて、東ドイツ要人の目には警戒心が浮かび上がり、やがてそれは苦々しい表情に変わっていった。

建国四〇周年記念日当時、西側の新聞にはさまざまな風刺画が載った。そのなかの一つを紹介すると、このようなものがある。真ん中には「ドイツ民主共和国建国四〇周年」と書かれ、大勢の人々が歓声をあげている。ところが、高い壁の上から零《こぼ》れ落ちるように人々

が脱出している。また壁の下に開いた小さな穴からも、蜘蛛《くも》の子を散らすように人々が脱出している。これは西ドイツの代表誌フランクフルター・アルゲマイネ誌の一九八九年七月一〇日号に掲載されたものである。

✝ホーネッカー

ホーネッカーの生い立ちは貧しかった。フランス国境に近いザールランドの炭鉱労働者の家庭に生まれた。炭鉱労働者であった彼の父は、なぜ金持ちがますます豊かになり、なぜ貧しい者はますます貧しくなるのかを、幼いホーネッカーに分かりやすく説明してくれた。なぜ戦争が起こり、だれが戦争で儲け、だれがひどい目に会うのか、幼児の彼にやさしく説明してくれた。彼は第一次世界大戦の最中を、少年として過ごした。彼は一四歳にしてドイツ共産党の青年部員となったが、その背後に父の影響力があったことは明白である。一七歳の時(一九二九年)、モスクワの国際レーニン学校に留学し、マルクス・レーニン主義の基礎を学んだ。

モスクワ留学を経て帰国した彼を待っていたのは、ナチズムの嵐であった。ナチスの支配するドイツで共産党員が生き延びる可能性はほとんどなかった。一九三七年には逮捕され、ナチズム崩壊まで彼は八年間を獄中で過ごした。一九四五年ナチス・ドイツの崩壊とともに彼は開放され、ベルリンでの活動を開始した。その時の彼は三三歳の上り坂にあった。

ドイツ共産党(のちに社会主義統一党に改名)での彼の任務は、ソ連に倣った青年組織を結成することだった。敗戦後の混乱の中を、彼は青少年の組織化に努力した。そして一九四六年には自由ドイツ青年団の中央評議会議長に選出された。一九四九年一〇月、ドイツ民主共和国が成立し、ドイツ民主共和国初代大統領、ウィルヘルム・ピークが選出された。同月一一日ホーネッカーは、わずか数時間前に選出されたばかりの大統領に向かって、自由ドイツ青年団を代表して、こう宣誓した。

「われわれドイツ青少年は、青少年に平和と生活の向上を約束するドイツ民主共和国に忠誠を誓う。我々は平和的な労働と戦闘的な人道主義の新たな家の建築士となることだろう」。

今にして思えば、この宣誓にはホーネッカーの将来が暗示されていた。ホーネッカーの生涯は文字通り「新たな家の建築士」だった。自由ドイツ青年団の団員達は、トラクターを運転し、用水路、貯水池を建設し、祖国の復興に目覚しい成果をあげた。こうした功績を通じて、ホーネッカーの評価は高まり、一九五〇年には政治局員候補者に選出された。その当時彼は三八歳、政治局では最年少であった。それを足がかりとして、彼の党内での地位は次第に高まった。

やがて一九五八年には社会主義統一党のナンバー・ツーの地位に到達した。その時彼は四六歳の働き盛りだった。その背後に国家評議会議長ウルブリヒトがいたことは明らかである。こうしたキャリアが物語るように、ホーネッカーは根っからの党官僚組織の官僚であった。彼はかつて一生涯を通じて、一瞬といえども、その政治的信念が揺らぐことがなかったと自画自賛したことがある。

「幼年時代であれ、ドイツ共産党に入党した青年時代であれ、一九三三年から三五年までの反ファッシズム抵抗運動時代であれ、一九三七年から四五年までのナチ収容所時代であれ、また一九三五年一二月国家秘密警察本部に引き出された時であれ、一九三七年六月の国民裁判所であれ、一九三五年末のナチ親衛隊の兵舎であれ、獄中で死刑執行人と顔を突き合わせていた一年半の間であれ、私はわれわれの信念に疑念を抱いた瞬間は、一つとしてなかった」。

確かにこの強固な意志、揺るぐことのない信念は、建国途上の「建築士」にはふさわしい資質だった。建てるべき家の設計図がすでに決まっている時代には、貴重な資質だっただろう。しかし家屋を建てるには設計図が必要だが、歴史には残念ながら設計図がない。歴史の前に、人間の知恵はあまりにも無力である。筋金入りの「新しい家の建築士」が通用しない時代が近づき始めていた。しかし残念ながらホーネッカーはそれを感じ取ることができなかった。

ゴルバチョフの主張するペレストロイカは、一つの信念に凝り固まったホーネッカーには「びっくり箱」のようなものだった。東ドイツ市民の大量脱出は、彼の理解を超えていた。東ドイツを捨て去ってゆく市民の背中に向かって、ホーネッカーは「未練の涙を流す必要はない」と言ったという。さらに彼は「社会主義の流れは、牛やロバには止められない」と言った。ところが民衆は即座に「社会主義の流れを止めているのが、牛とロバである」という野次をホーネッカーに送り返した。

彼は四〇年前に作られた設計図を疑うことなく、営々孜々《しし》としてドイツ民主共和国という家を建築してきた。激動の歴史の前では、四〇年前の設計図など、一片のジョークでしかない。しかし彼にはそれが分からなかった。酷な言い方だが、彼は長生きをし過ぎたのだ。ドイツ民主共和国建国四〇周年記念日を七七歳の老人として迎えた彼は、東ドイツ市民の声はおろか、彼を取り巻く政治局員の声も届かなかった。ましてやゴルバチョフの助言は、この生涯信念を貫き通したと自負する老人には受け入れる余地がなかった。

建国四〇周年記念終了後、彼は国家評議会議長、党中央委員会書記長、政治局員など、すべての公職を自ら辞任した。しかし党内部ではさっそくホーネッカー解任決議が上程された。いまや民衆の知らないところで赤色宮廷革命が勃発した。その結果、体制は覆り、党規約違反、職権乱用、収賄、個人蓄財、国境での射殺事件、国家反逆罪に至るまで、さまざまな罪名のもとにホーネッカーは追求されれる身となった。いまやあらゆる罪悪がホーネッカー一人に集中された。自らの罪を免れるため、ホーネッカー一人に罪をかぶせる必要に迫られた人間が、彼の周辺にはありあまるほどいた。彼はそういう人間に取り巻かれた「裸の王様」だったことになる。

国家反逆罪という罪名について、ホーネッカーは一九九一年に行われたインタビューのなかで、「笑止千万」と言っている。国家反逆罪だったら自分以上に詳しく経験している者はいないはずだと言う。ヒトラー転覆のための抵抗運動を組織していた時、彼の起訴理由は「ドイツ帝国憲法の暴力的修正を目的とする重大な国家反逆罪準備行為」となっていたはずだという。また一九三七年七月の民族裁判所での審理は非公開で、証人さえ退廷させられたなかで行われたが、その時でさえ自分の信念を揺るがせたことはなかったという。

解任されたホーネッカーはガン手術のためふたたび入院した。退院する彼を待っていたのは、留置所行きの車と無情なカメラの放列であった。医師は彼の身体が留置所生活には耐えられないと診断した。しかし検察庁長官は彼の拘留を主張した。結局のところ、東西境界線での射殺事件を訴因とするホーネッカー裁判は、一九九三年四月一三日に停止が決定された。その理由は被告人の健康状態が裁判に耐えられないためであった。

その後いったんはソ連に行ったものの、その頼みとするソ連が崩壊してしまった。そこでふたたび統一後のドイツに戻ってきたものの、そこにはもはや彼の住むべき家はなかった。さまざまなやり取りがあったが、結局のところ最後に彼を引き取ってくれたのは教会であった。ホーネッカーとその夫人は「身寄り人なし」として教会の養護院に引き取られた。

「数ヶ月前まではこの男を歓呼の声で送った人達が、雨露をしのぐ宿さえ与えないとは、まさに悲劇そのものだ」とその教会の牧師は語った。人生を「新しい家の建築士」として働き続けた人間は、人生の最後になって住むべき家を失った。エゴン・クレンツもまた「それは民主的、人道的な目標に向かって出発した国がするべきことではなかった」と回想録に記した。

しかも彼等夫妻を引き受けてくれた教会とは、皮肉にも「賞賛の谷」と名づけられていた。それは皮肉だったのだろうか、それとも「新しい国の建築士」として長年貢献したことへの賞賛だったのだろうか。「新しい国の建築士」が人生の最後に雨露をしのいだのは、「賞賛の谷教会」の養老院であった。しかしホーネッカー夫妻が、この養護院で過ごした期間は長くはなかった。彼は結局自分の娘が住む南アメリカ・チリの首都、サンチアゴへ亡命し、一九九四年五月二九日に肝臓癌によってこの世を去った。享年八一歳であった。

✢壁のなかの壁

ベルリンから三〇分ほど車で行った所に、ワントリッツという村がある。この村は緑の壁で囲われ、一般市民が内部を覗けないようになっていた。その壁の中側には東ドイツ政府の要人達が住んでいた。それは政府要人のための隔離住宅地域であった。

内部を窺うことができないため、市民の間ではさまざまな憶測が生まれた。そこの住民は金箔の浴槽につかっている、そこには家庭用のプールがある、住民だけが使えるショッピング・センターがあって、そこでは東ドイツ市民では手の入らない西側の商品が売られている、そこの住民は無際限に引き出せる銀行口座を持っている、タダでものが買える店がある、憶測は憶測を生んだ。

そこに住んだ住民の話では、たしかに特別輸入された西側商品が売られていた。しかし金箔の浴槽はおろか、家庭用プールさえなかった。屋内はごくふつうの住宅だったと言う。

もともとこの隔離住宅ができたのは、保安上の理由からだった。政府要人を対象とする拉致事件、誘拐事件、狙撃事件、暗殺事件は、どのような時代でも、どのような社会でも起こる。そのためには完備した警護網は欠かせない。しかしそれは決して特権的な住宅地域ではなかった。むしろそこの住民は一般市民から隔離され、息詰るような暮らしをしていた。外部から遮断されているだけでなく、壁の内部に住む住民同士で口をきくことさえはばかれた。隔離住宅の住民同士が、どこまで腹を割って話せるか、それさえ定かではなかった。遮断された壁のなかで、相互に対する疑心暗鬼が支配していた。

この村は別名「ボルボグラード」とも呼ばれていた。大量のガソリンを消費するソ連製乗用車「チャイカ」に代わって、経済的なスエーデン製の自家用車「ボルボ」を公用車として導入したためである。こうした隔離された環境に住む住民は、次第に東ドイツの庶民感情から隔離されていった。庶民が何を考え、何を求めているのか、それを理解する回路を失った。「我々ほどうまく社会主義を運営している国はないではないか」。こういう思いだけが膨らみ続けた。壁に囲まれた生活は、彼等の眼を閉じ、耳を塞ぎ、皮膚を麻痺させていった。

✝建国四〇周年記念日

もう一度建国四〇周年記念日の話に戻るが、私が見た一〇月六日の日中は、まだ建国四〇周年のお祭り気分だった。その時、私は幾人かの東ドイツ人と話をする機会を持った。レストランでテーブルをともにした六〇歳ほどの夫婦は、はるばる東ベルリンに来た私に興味を示し、さまざまな質問を投げかけてきた。私が「二〇年前の建国二〇周年記念日にここに来たが、まだ戦争の廃墟が残っていた。ところが今度は、ずいぶん綺麗になっているので驚いている」と話すと、彼等は綺麗なのはこの東ベルリンの中心部だけで、ちょっと郊外に出てみれば、めちゃめちゃだという。二〇年前には、これほどあからさまな批判を聴くことはなかった。

「東もずいぶん生活水準が上がったのではないか」という筆者の質問に、「生活水準は上がりはしたが、少しも自由にならない」と言う。「例えば、どういう点が不自由なのか」と質問すると、「現にうちのワイフは四〇年間、英語の先生をしていたが、一度もイギリスに行けなかった」と言う。

彼等の話によると、東欧ブロック内を旅行するのも、完全に自由ではないという。黒海沿岸に旅行しても、やたらに費用がかかるという。かつての経験では、黒海沿岸は安くバカンスを楽しめる所として、西ドイツ人の間では人気の高い旅行先だった。たしかにその当時、東ドイツ政府も限定的ではあるものの、東ドイツ市民に旅行の自由を認め始めていた。だからこの夫妻も黒海沿岸の保養地まで旅行できたのだろう。

ところが問題は持ち出せる外貨に制限があった点である。せっかく黒海沿岸の保養地まで行っても、満足なバカンス気分が味わえない。これが東側の庶民にとっては不満の種だった。つまり東側もまた西側と同様、レジャー時代に突入していた。そのレジャーも人々は質の高いレジャーを求めるようになっていた。この外貨持ち出し制限に、東ドイツ市民はいらだっていた。しかし一九六八年に初めて海外に出た私達日本人も、外貨を持ち出すことができなかった。外貨はすべて海外の責任ある機関に保障してもらうしかなかった。一ドル三六〇円という交換レートは厳しかった。しかしそれが敗戦国日本に課せられた罰であった。

その日の夜「ドイツ自由青少年団」による建国四〇周年記念のたいまつ行列を待つ間、隣の青年に「東ベルリンに住んでいるのか」と聞いたところ「残念ながら、そうだ」と答えた。「残念ながらというのは、どういうことか」というこちらの質問に、一瞬ぎょっとしながらも、「向こうのほうが、よいにきまっている」と言う。「しかし、向こうでは何でも物価が高いぞ」と筆者が言うと、さらに一瞬たじろぎながらも「それ以上に稼げるからいいではないか」と言う。たいまつをかざしながら行進する青少年団の若者を見ながら、「俺も昔はこんなことをしたが、今はもう結構だ」とぼやき続けていた。

その日の晩は、何事もなく過ぎたものの、その次の夜、私が立っていた場所を、今度は「もっと自由を」というスローガンをかかげたデモ隊の行進が行われたはずである。あるいはあの青年も、そのデモ隊の中に交じっていたのかもしれない。

今、思い起こしてみると、二〇年前の建国二〇周年記念のポスターは、若い女性の明るい笑顔を描き、その下に「私は二〇歳になりました」という文句をあしらったものだった。いかにも健康的で将来の成長を約束するかのように見えた。これに対して、四〇周年記念のポスターのスローガンは「平和」だった。だがこれもよく眺めていると、なにやら「平穏無事」と言っているように読めてくる。あるいは「不平不満は言わないようにしましょう」といっているようにも読めてくる。

その晩、私は午前〇時ぎりぎりにチェックポイント・チャーリーを通過して西側に戻ってきた。東の国境警備兵は暇を持て余していたのか、私の財布を開けて一枚一枚紙幣を数え始めた。入国する時、申告した所持金と合うかどうかをチェックしようというのだろう。「だいたい東では金の使いようがないだろう」と言いたかったが、黙って彼ののろのろした動作を見守っていた。

そこへスエーデンの女性ジャーナリストだという人が戻ってきた。彼女もハンドバックを隅から隅まで調べられた。そのうちに、我慢できなくなり抗議しだした。そうとう厳しい口調だった。私は検問所の外でしばらく彼女が出てくるのを待ったが、一〇分たっても出てこない。途中で諦めて私は帰ってきたが、果たして彼女は無事に帰れたのだろうか。

あの日チェックポイント・チャーリーを通過した外国人は、ごくわずかだったはずである。東の検問所を出る時、何気なくそばのビルを見上げると、だれかが急に顔を引っ込めるのが一瞬目に入った。

こうして一〇月六日は過ぎたが、翌七日私は軍事パレードを見るために、ふたたび東ベルリンに入ろうとした。ところがこの日は、完全に締め出された。国境警備兵の口調にも断固たるものが感じられた。どうしたものかと思案していると、同じく入国できないでいるデンマークのジャーナリストと出合った。彼の話では東ベルリン行きの観光バスなら動いているので、それに乗って東ドイツに入るつもりだと言う。西ベルリンの中心地から、東ベルリン行きの観光バスが出ていることは、かねてから知っていた。そこで私もこの観光バスに乗ることにした。

観光バスだから目的地は、ベルリンの南西にあるポツダムのサン・スーシー宮殿と、ポツダム会談の行われたツィツィリエンホーフである。ただ最後に東ベルリンの中心地を通って、西ベルリンに戻ってくるコースになっている。私に興味があったのは、東ベルリンの中心地の雰囲気だった。そこがどうなっているのか、それを自分の目で確認したかった。乗客は観光バスにふさわしく、国籍、年齢、性別、職業、風体、人相さまざまだった。

この観光バスも独特な仕組みの上に成り立っていた。まずバスの車体は西側のもの、その運転手も西側の人間。しかし西ベルリンを出たところで、東側のガイドが乗り込んでくる。すべての説明はこの国家公認のガイドがする。サン・スーシー宮殿では何も起こらなかった。しかしツィツィリエンホーフで、ちょっとしたトラブルが生じた。

ツィツィリエンホーフとは、一九四五年七月から八月にかけて、トルーマン・アメリカ大統領、スターリン・ソ連首相、チャーチル・イギリス首相(会談中の総選挙の結果、途中からアトリーと交替した)が集まり、すでに降伏したドイツの占領政策を討議するとともに、まだ戦闘を止めない日本に対して無条件降伏を求めるポツダム宣言の原案が練られた場である。会場には、ここがスターリンの座った席、ここはトルーマンの席、ここがチャーチルの席というように、かつての会談の時の配置がそのまま保存されていた。部屋の一隅には、戦後ヨーロッパをどう分割するかをめぐって議論が白熱した時、スターリンが「境界線はここだ!」といって一気に斜線を引いた地図が掲げてあった。

ガイドと観光客との衝突が起きたのは、この会場でのことだった。ある観光客が数日前ライプチヒで発生した数万人規模のデモの話を切り出し、その背景を尋ねた。ガイドは血相を変えて「それは私のビジネスではない。そういう挑発的な質問をするなら、これ以上ガイドはできない」とまくし立てた。観光客のなかからも「彼女の言う通りだ」という助け舟が出て、その場はようやく納まった。

バスはやがて東ベルリンの中心地に差し掛かった。街中は閑散とし、人影がほとんど見えなかった。私は恐る恐るガイドにその理由を尋ねた。それに対して彼女はこう答えた。「今日は日曜日です。ほとんどの東ベルリン人はセカンド・ハウスを持っています。週末はそこで過ごすのです。だから街の中心地は人影が少ないのです」。よほど今日は建国四〇周年記念日で、国民にとっては重要な日ではないのかと言いかけたがやめた。

このように四〇周年記念日の雰囲気は、ものものしかった。明日何が起きても不思議でないといった雰囲気に満ちていた。私は次の予定があったので、ベルリンを離れ、日本に帰国した。そしてその数週間後の一一月九日、運命の扉が開かれた。たまたまスイッチを入れたテレビは、ライブでベルリンの壁で何が起こっているのかを放映していた。人々がよじ登っているのは、紛れもなく東西分断の壁ではないか。おまけにその壁の上で、乾杯しているではないか。「こんなことをしたら撃たれる。みんな正気でこんなことをしているのか。大丈夫なのか」と心の中で叫んでいた。何か途方もない冗談を見ているような気がした。

やがてベルリンの境界線が開放されたことを知った。はじめはまったく信じられなかった。このようなことが本当に起こるのか。そうして東ベルリン人が洪水となって西ベルリンに流れ出てきた。

それから数ヶ月経って、私はふたたびベルリンを訪問した。その時、かねてからの友人夫妻と食事をともにしたが、その時、壁の断片をプレゼントに貰った。彼等夫婦が友人とともに涙を流しながら削り取った断片だという。コンクリの破片についたピンクの色を見ているうちに胸がじーんとしてきた。

✝悲劇のベルナウアー通り

私にはベルリンを訪問する度に、かならず足を運ぶ場所がある。それがベルナウアー通りである。ベルナウアー通りの特徴は、建物は東側に建ち、道路は西ベルリン側を通っている点にあった。つまりその住宅のドアを一歩出ると、東側から西側に抜けられる。壁が作られ東西が遮断されると、このベルナウアー通りは、東ベルリン人にとって西側への脱出口となった。さっそく東ドイツ軍は、その住宅のドアを閉鎖し、一階部分の窓をすべて鉄条網で塞いだ。

すると二階、三階の窓から飛び降りて脱出を図る東ベルリン市民が出て来た。そこで二階、三階の窓も鉄条網で塞がれた。そうすると今度は四階、五階の窓から飛び降りる者が出て来た。しかしそれは二階、三階から飛び降りるとは、まったく事情が違った。明らかに生命の危険をともなった。しかしあえてそれを実行する市民が出て来た。西側の消防隊と市民は、窓の下に救命幕を張って、四階、五階からジャンプする東ドイツ市民を受け止めようとした。

ある老女は窓枠に足をかけ、下に広げられた救命幕に飛び降りるかどうか躊躇していた。背後からは東ドイツ軍兵士が彼女の腕をつかみ、ふたたび室内に(東ベルリンに)引き戻そうとしていた。兵士は下に広げられた救命幕に向かって、発煙筒を投下した。老女はついに意を決して、救命幕に向かって身を投じた。こうして彼女の東ベルリン脱出は成功した。

六歳の少年もまた四階からのジャンプに加わった。六歳の少年にとって、四階から地上に向かって飛び降りるには、ふつう以上の勇気と決断が要る。彼が目を大きく見開き、大きく口を開き、何か叫びながら落下する姿が写真となって残っている。彼の母親は飛び降りた時、その衝撃で内臓を傷つけた。父親もまたジャンプしたが、脊椎を損なった。しかし父親はいった。「へこたれないぞ。もう一度飛ぶぞ」。こうした光景がベルナウアー通りの各所で展開された。この決死のジャンプは、すべてが成功したわけではない。幾人もの人命が、この時のベルナウアー通りのジャンプで失われた。

やがてベルナウアー通りは完全に封鎖され、死のジャンプさえできなくなった。西側の通りに面した住宅がすべて撤去され、その跡地は無人地帯となった。しかししばらくの間、無人地帯の向こう側の住宅の壁には、住宅を撤去した痕跡が、ありありと残っていた。その痕跡は西側から見ると、いかにも犯罪の傷跡といった風情を残していた。

しかしやがてその痕跡も綺麗にペンキで塗られ、住宅を削った痕跡は見えなくなった。西側の壁、広い無人地帯、そして東側の壁という三点セットが完成し、ベルナウアー通りは「普通の壁」になった。

ただベルナウアー通りを「壁」として完成させるには、もう一つ作業が残っていた。それはこの通りに面して立っている教会をどう処分するかであった。教会が立っている土地は東ベルリン。入り口は西ベルリン。壁の構築とともに、教会の入り口も閉鎖された。かつての入り口には、こういう表示が掲げられていた。「残念ながら、この教会は「恥辱の壁」によって、使用不能となりました。御用のある方は、○○までお越しください」。

この教会の建物はしばらく使われないまま東西境界線上に立っていた。しかし一九八五年に破壊され、跡地は無人地帯となった。こうしてベルナウアー通りは、壁としての完成を迎えた。

私が一九八九年一〇月ベルナウアー通りを訪れた時は、さらに光景が変わっていた。壁の手前には街路樹が植えられ、それがいつの間にか大きく育ち、緑が茂っていた。その結果、あたりはこぎれいになり、壁は見えなくなっていた。その時、これで壁は永遠に続くのではないかという予感に襲われた。帰国直後、その時の印象をある雑誌に寄稿した。文章の結びは「壁が崩れる日は、こないのかも知れない」となっていた。それは一九八九年一〇月末のことであった。

ところがこの原稿が印刷所に回る頃には、ベルリン情勢は一気に変化し始めた。まず東西の検問所のバーが開かれ、大量の東ベルリン人が洪水のように西ベルリンに流れ出してきた。私は文章の結末を書き換えた。ところが東西ベルリン市民が一緒になって壁をハンマーで崩している場面が放映されるようになった。そこでふたたび文章の結末を書き換えた。はじめは半信半疑だったが（私ばかりでなく世界全体が）、どうやら東ドイツ政府は正式に東西ベルリン間の交通を完全に自由にしたという情報が飛び込んできた。そこで印刷間近の文章の結末に三度目の修正を加えた。世界史は人間の頭脳のテンポを越えて変わり始めていた。

✝使われない「統一の橋」

ベルナウアー通りがベルリン北部にある悲劇の舞台だったとすれば、南にもう一つ悲劇の舞台があった。それは西ベルリンの一番南西のはずれに架かる一本の橋であった。その橋を渡れば、もうそこは東ドイツ領のポツダムだった。しかし一九六八年当時は封鎖されたままだった。しかも皮肉なことに、その橋には「統一の橋」という名前がつけられていた。橋自体は東ドイツの占有物で、そこを越えることは許されていなかった。

この「統一の橋」の傍らには、「立ち入り禁止。あなたはいまアメリカ地区を離れようとしている」と書いた掲示板が立っていた。そしてそれと並んで、こういう掲示板も立っていた。「この橋に統一の橋という名前をつけた者が、いまや壁を作り、有刺鉄線を張り巡らし、人と人を引き裂き、ドイツの統一を妨げている」。

この橋は利用されることもなく、幽鬼迫るたたずまいを見せながら立っていた。だが正確にいうと、この橋はまったく利用されなかったのではなく、人間が歩いて渡ることが年に数回あった。それは東西両ドイツのスパイを交換する時だった。冷戦時代には両陣営とも多くのスパイを使い、相互に相手国スパイを逮捕した。そこで両政府でスパイ交換の日時を定め、この「統一の橋」を使って交換し合った。

その当日、定められた時刻に、橋の両側に交換すべきスパイが立つ。他にはだれも姿を見せない。やがて双方のスパイがゆっくり歩き出す。橋の長さは一〇〇メートルほど。橋の真ん中でスパイ同士がすれ違う。両者のスパイが橋の反対側に到着したところで、スパイ交換の儀式が終了する。その間は、すべてが無言のうちに進められた。この無言劇こそ、東西の関係を無言のうちに物語っていた。無言が最大の雄弁になることが、しばしばある。その場面もまた、その一つだった。

私はしばしばこの橋のたもとに立って考えた。いったい私は生涯のうちに、この橋を歩いて渡れる時代が来るのだろうか。一頃まではそういう時代は来ることはあるまいと断念していた。ところがとうとうこの夢が叶えられる瞬間がやってきた。ベルリンの壁が崩壊したというニュースを聞き、一九九〇年三月私はベルリンに飛び、この統一の橋までやってきた。その時点では壁は崩壊したものの、ドイツ民主共和国（東ドイツ）という国家はまだ存在していた（一九九〇年一〇月に、西ドイツに吸収合併され消滅）。橋のたもとには、東ドイツ政府の国境検問所が立っていた。かつては検問所の不要な橋だった。人が通ることが許されていない橋だったからである。

橋を渡ろうとしたら東ドイツに入国するのだから、通行税二五マルクを払えという。入国するといっても、橋の向こう側まで行って戻ってくるだけである。それだけのために二五マルクを払わねばならないのか。それにチェックポイント・チャーリーでは、西の人も東の人も自由に境界線を越えていたではないのか。こうなると金額の問題ではなかった。「この橋一本渡るために、それほど高い金を払わなければならないのか」という私の質問に、国境警備兵は「そうだ」という。国境警備兵とはしばらく押し問答になった。相手は頑固だった。私も頑固だった。ところが、そのうちに意外にも、三〇分以内にかならず戻ってくるのなら、ただでよいと言い出した。そして口に手を当てて、「シー」といった。こうした国境警備兵の反応は、私にとっては初めての経験だった。

その日私は、とうとう長年の念願を達成した。一歩一歩橋を渡りながら、これまでの長い歳月を思い起こした。初めてこの橋のたもとに立ってから、二二年という歳月が流れていることに気づいた。とうとうこの橋も文字どおりに「統一の橋」になったのか。一生涯あるまいと思ったこの橋を今自分は歩いて渡っている。橋の片側にたたずみ、渡ることのできない橋を眺めた時の自分の感情を思い起こそうとしていた。

✢忽然と出現し、消え去ったポーランド市場

一九八九年という年は、東欧ブロックの自壊現象がさまざまな形で噴出した年だった。すでにポーランド、チェコ、ハンガリー、ブルガリア、ルーマニアなど東欧圏では、未曾有な激動が始まっていた。その激動の姿はさまざまなところに、人々の予想を超えた形で濃縮された姿で現れた。その一つ

が西ベルリンの一角に突如として登場した「ポーランド市場」であった。

それは隣国ポーランドから鉄道に乗って、物を売りにきているポーランド人達の市場である。大勢のポーランド人が立ったまま、何か「商品」を売っている。市場といっても、彼等の店は自分の肩幅だけである。彼等の店に並んでいるのは、鉛筆五本、マッチ三箱、ナイロンの紐二組、ブラウス三着といったものである。これが彼等の商品のすべてである。その日、私が見た商品を片っ端から挙げてゆくとこうなる。下着、靴、カバン、琥珀の首飾り、銀製と称するネックレス、蝋燭、にんにく玉、ピンポン玉、洗濯ばさみ、釣竿、釣りの浮き輪、うなぎの燻製、ソーセージ、クリスマス・ツリーの飾りランプ、やすり、ドライバー、錠前、乾電池、カメラ、毛沢東の写真などなど、きりがない。

この一群のポーランド人達と遭遇したのは、フリートリヒ通りの検問所であった。その日の朝、私は東ベルリンに入国しようとしたものの入国できず困っていた。ところが東側から大量の人々が西ベルリンに入国して来るではないか。いったいこの人達は何者なのか、いったいどういう目的で西ベルリンに入って来るのか。これが私の抱いた疑問だった。

その疑問を解くために、彼等の群れの中に我が身を投じた。彼等は一様にくすんだ衣服に身を包み、古ぼけたバッグをかかえ、同じ方向を目指して黙々と歩き続けた。彼等の目が光るのは、傍らを通り過ぎる車に目を走らす時だけである。やがてある広場に来ると、彼等は続々とその広場に入り始めた。そしてバッグの中から品物を取り出し、それを地面に並べ始めた。こうして私の目の前で、「ポーランド市場」が出現した。それは世にも不思議な光景だった。

この異様な光景を初めて目にしたのは、ベルリンに到着したその当日のことだった。バスの二階席から、一箇所に異様に大勢の人がたむろしている場所を発見して驚いた。思わず隣に座る見知らぬ人に向かって、「これは何ですか」と訊ねた。するとその人はポーランド人用の市場だと言い、ポーランド人がものを「買いにきている市場」だと説明してくれた。ところがその時私は聞き間違えたらしい。その人はポーランド人が「ものを売りにきている市場」と説明したのだろう。しかし私はそれを「買いにきている市場」と取り違えてしまった。

もともと「買う」と「売る」とでは言葉が紛らわしい。それに私の頭の中には、ポーランド人がものを「買いに来る」ことはあっても、「売りに来る」ことは絶対ありえないという固定観念が染み付いていた。だいたい東側では西側で売れるようなものは、何一つ生産していないではないか。だから私は知らず知らずに、ポーランド人相手に安くものを売っている市場だと思い込んでいた。ところがその市場でものを売っているのはポーランド人ではないか。ポーランド人達が青空市場で、一日中立ちっぱなしでものを売っている。

この異様な市場に唖然としていると、目の前で取引が始まった。トルコ人の主婦が子どものブラウスを取り上げて、いくらかと訊ねている。売り手は三マルクだと言う。すると買い手が一マルクと言う。売り手のポーランド人はポーランド語で何か言っている。それに対して買い手はドイツ語で応酬する。ひとしきり交渉が行われたところで、このトルコ婦人は二マルクで子ども用のブラウスを買っていった。二マルクとは一六〇円である。いくらなんでも子ども用のブラウスを一六〇円で売っている市場はあるまい。

そのブラウスも見かけはまあまあとしても、品質は安物としか見えない。ためしに銀製ネックレスの値段を聞いたら五マルク、四〇〇円だと言う。ところが、どう見ても銀製には見えない。琥珀の首飾りを手にとってみると、何かプラスティックの玉にニスを塗っただけにしか見えない。そうなると、そこに並んでいる商品がすべて「まがい物」に見えてくる。何か「まがい物」でないものはないか。

しばらく物色していると、絶対に「まがい物」でないものに出会った。それは狐の毛皮である。老婆が狐の毛皮を一つだけ手にぶらさげて立っている。手にとってみると、ちゃんと狐の頭はついているし、手足も尻尾もついている。だいたいいくら物好きでも、狐の「まがい物」を作ろうとする者はおるまい。紛れもなくこれは狐である。

そこで値段を聞いてみると、老婆はこちらの質問に答えられない。隣の主婦がかわって「八〇マルク」と答えた。いままで見てきた限りでは、いい値で買う者はいない。売り手が八〇マルクと言えば、買い手は四〇マルクと値切り、最後は五〇か六〇マルクで手を打つことになる。もし五〇マルクで買えば四〇〇〇円ということになる。いったい日本で狐の毛皮がいくらするのだろうか。いくらなんでも、四〇〇〇円で狐の毛皮は買えまい。

そもそも彼等はいったい何のために、マッチ四箱、ピンポン玉六個を売りにきているのだろう。一九八九年六月、ポーランドでは初めて非共産党員を首相とする政権が成立した。これは世界に大きな波紋を呼んだ。ポーランドの国民はこの政権交代に何がしかの期待をかけたことだろう。しかし政権交代は直ちに経済状態の改善につながるわけではない。むしろ逆に経済的混乱に拍車がかかる。事実、政変後のポーランドは未曾有のインフレに見舞われた。

これはあとから得た情報であるが、その当時のポーランド市民は、非共産党員を首相に選んだものの、言い知れぬ不安をかかえていたという。ポーランドには「虎が尻尾を持ち上げて歩き出したら注意しなければいけない」という諺がある。非共産党員を首相に選んだものの、ソ連がどう出て来るか、ポーランド人は固唾を飲んで見守っていたという。ポーランド市民はこれまでしばしばソ連戦車隊の弾圧を受け、その銃口に曝されてきた。今度もソ連は同じ動きに出るのではないか。

ワルシャワ市内にはひときわ目立って大きなビルがそそり立っている。一見しただけでソ連製であることが分かる。それはモスクワ大学と同じ作りである。ユネスコの会議があってワルシャワを訪問した時、ポーランド政府が我々参加者を市内見物に連れて行ってくれた。その時のポーランド女性ガイドの説明は辛辣だった。

「あのビルは文化宮殿といって、ソ連からの贈り物なのです。あんな贈り物を貰ったお陰で、われわれポーランド人ははるかに多くのものを支払わなければならなくなりました。そのビルの三七階からはワルシャワ第一の美しい景色を楽しむことができます。周囲にはあれ以上に高いビルはありませんので、ワルシャワ全体の美しい景色を楽しむことができます。と同時にあのビルの内部に入ってしまえば、あの醜悪なビルを眺めないですみます。ワルシャワでもっとも美しい景色を楽しみたい方は、ぜひあのビルに登ってください」。

その中年夫人は大学で化学を専攻したという。ところが相次ぐ政変のために、とうとう大学にポストを得ることができなかったと、残念そうに語った。

非共産党員マゾヴィエツキを首相に選出した当時（一九八九年九月）、ポーランド市民は世界の地殻変動が起こっていることを予感しつつも、その中でいかに自衛するか、手立てを探っていた。自国の通貨の価値は、日に日に下がるばかりであった。ポーランド人はドイツ・マルクを手に入れることによって、経済的損失を最小限に食い止めようとした。これが西ベルリンの一角に「ポーランド市場」が登場した背景だった。ポーランド人は、遠路はるばる鉄道に乗って東ベルリンまでやって来て、そしてそこから西ベルリンに入国した。彼等はわずかばかりの品をドイツ・マルクに切り替えることによって、自衛しようとした。

ただこの「ポーランド市場」の寿命は短かった。やがてポーランド経済の安定化とともに、ポーランドからの「売り出し部隊」は消滅し、「ポーランド市場」も姿を消した。ベルリンとはこうした世界のどこかで生じた歪が、思いもかけぬ姿となって現れる場であった。

「ポーランド市場」とともに姿を消したものが、もう一つある。東西ベルリンの境界線が崩れる直前、西ベルリンでは地図に載っていない交通機関が走っていた。それは未来の交通システムを目指した、コンピュータ制御による無人モノレールであった。しかもこのモノレールは東西ベルリンの境界線を沿うようにして走っていた。まだわずか三駅だけの実験線であった。皮肉にも、この最先端技術の粋を集めたモノレールに乗ると、「ポーランド市場」全体を見渡すことができた。上は最先端技術、下は原始的な青空市場。この対照は分裂した現代の象徴そのものであった。

モノレールの高架橋には「まるでバターの上を滑るよう。ベルリン人よ。モノレールを試してみましょう」と書いた垂れ幕が下がっていた。にんにく、紐、鉛筆をバックに詰め込んだポーランド人は、みなこの垂れ幕の下をくぐって青空市場に来、そして去っていった。コンピュータ・コントロールの無人モノレール。古代原始時代を思わせる青空市場。現代社会のなかに突如として出現したこの対照。やがてポーランド市場も消滅したが、モノレールの実験線も撤去された。もはやそこは東西の境界線ではなく、統一されたベルリンの中心地に生まれ変わったからである。新たなビルが続々と建設されることとなった。

✝ベルリンでの市民生活

このようにベルリンは東西二大勢力が激突する場所ではあったが、一般市民には彼等なりの、ごく平凡な落ち着いた市民生活があった。友人同士の集いがあり、夜明けまでのパーティーがあり、陽気なカーニバルのお祭りがあり、頻繁な外国旅行があった。経済復興を遂げた西ドイツ市民にとって、最大の話題はどこでもバカンスであった。どこで過ごしたバカンスがよかったか、値段はどうだったか、人が集まれば話題はバカンスに集中した。職場での関係、あるいは子どもの幼稚園の関係から、友人の輪が次第に広がり、私達も次第にこうした話題に加わるようになっていった。

ドイツでの生活は、はじめ二ヶ月間は私一人だけで出かけ、ある小さな町で語学研修を受けることとなっていた。そして一一月の初め、妻が長女を伴ってベルリンに到着することになっていた。当時、長女は二歳半。必要な予防注射は済み、幼稚園に通うのも、まだ数年先のことである。外国に連れて行くにはちょうど良い時期だと、医師から言われた。

私を受け入れてくれる研究所では、すでに私達一家のために住宅を用意してくれていた。その住宅は地図で見ると、西ベルリンの目抜き通りに近いところにあった。我々は出発前から、しばしば地図を広げては、まだ見ぬ異国での生活をあれこれ想像した。地図で見ると、我が家の前は、通り一本隔てて公園がある。我が家が公園のそばにあることを知った時、これはしめたと思った。我が子はこの公園で、いろいろな子ども達と出会うことだろう。たくさんの友達ができ、公園の中を元気に駆けずり回ることだろう。地図を見ながら、ドイツの子ども達と元気よく駆けている長女の姿を想像していた。

二ヶ月の語学研修を終え、一〇月末、私は単身ベルリンの我が家に辿り着いた。五階の我が家から見下ろすと、想像していたように公園が見えた。公園には砂場があり、ジャングルジムがあり、シーソーが置いてある。そこでは母親に連れられてきた子どもたちが遊びまわっている。なかには老人も混じって、一日中ベンチに座ったまま、元気に遊びまわる子ども達の姿を、目を細めながら眺めている。その光景を見ているうちに、一日も早く家族を呼び寄せ、我が子をそこで遊ばせたくなった。時はちょうど一〇月の末であった。公園の一隅に立つカスタニアンは見事に紅葉し、一枚一枚葉を散らしている最中であった。ベルリンはまさに秋たけなわの時期だった。

このように一週間ほど一人暮らしをしているうちに、あたりの景色はどんどん変わり始めた。カスタニアンの紅葉は瞬く間に散り果て、すっかり丸坊主になってしまった。太陽の日差しはすっかり薄れ、どんより曇った鉛色の雲が立ち込めるようになった。気温は急速に下がり始め、一週間もたたないうちに秋の気配はすっかり消えうせ、冬がやってきた。この慌しい季節の変化を、私は信じられない思いで眺めていた。そして家族が到着した時には、街の景色は一変してしまった。もはや公園で遊びまわる子どもの姿は見られない。この寒さでは、ベンチに一日中座ったままの老人の姿も見えない。この北国では、秋の季節が極端に短いことを、改めて思い知らされた。

一一月の半ばには、早くも初雪が降り、公園の砂場も凍り付いてしまった。ときどき長女をつれて公園に行っても、遊びに来る子どもがいない。だいたい砂場で遊んでいると、身体がどんどん冷えてくる。シーソーに乗って体を動かしていないと、どうにもならない。まだ一一月中旬だというのに、すでに日中の気温は〇度を割っている。生まれて初めて厳しい寒さに晒された長女は、しきりに涙をこぼした。大人の私でさえ、顔の皮膚からどんどん水分が蒸発してゆく感じがした。この公園を舞台にして、たくさんの友達ができるだろうという私の期待は、すっかり裏切られてしまった。

そんなある日、長女はぽつんと言った。「なかなかお友達がこないね。名古屋に戻れば、だれだれちゃんもいるし、だれだれちゃんもいる。もう名古屋に帰ろうか」。ベルリンについてまだ一ヶ月も経っていない。これからまだ長期間、この異国の街で生活しなければならない。長女の心はすでに日本を思い起こしている。私はあわてて始めていた。

ヨーロッパの冬は、想像以上に厳しい。一一月に入ると、子どもが戸外で遊ぶことはできない。私達の住宅は一階が商店で、二階から六階までが住宅である。一台のエレベーターを挟んで両側に住宅があるので、合計一〇軒で一台のエレベーターを使うことになる。どこかに長女の遊び相手になるような子どもはいないか、いろいろ様子を探っているのだが、その気配はない。一階上の家には五歳くらいの女の子がいるようだが、最近は姿を見せない。どうやら昼間は幼稚園に通っているらしい。我が子も幼稚園に通わせたら友達ができるかもしれない。そう思い立った私は、幼稚園探しを始めた。

✝幼稚園探し

まず最初に訪れたのが、区役所の幼稚園課ともいう所だった。その当時のベルリンでは、幼稚園が不足していた。まず入園希望者は待機リストに登録しておく必要がある。しかしいつ順番が回ってくるのか、見当がつかない。

私の応対をしてくれたのは、五〇歳がらみの眼鏡をかけた女性だった。開口一番、なぜ子どもを幼稚園にやりたいのか、と質問された。私はこれまでの経緯を話し、長女に友達を作ってやりたいのだと説明した。すると今度は「お前の妻は働いているのか」という質問が返ってきた。「いや、働いていません。家におります」。「母親が家にいるなら、母親が子どもの面倒を見るのが当たり前でしょう。母親が働きに出ているのに、幼稚園が見つからない家庭が、こんなにたくさんあるのですよ。我々は母親が働いてもいない家庭の面倒まで見ることは、とうていできません」。そう言って待機者のカードが一杯詰まったケースを示した。

かなり絶望的になっている私に向けて、さらに質問は続いた。「あなたのお子さんは、まだ三歳にもなっていない。幼稚園に通わせて、うまく適応できると思いますか？」。「私の長女は私の見る限り、新しい環境にかなりうまく適応する能力を持っていると思いますが」。「それではドイツ語が話せますか?」。「まだ来たばかりで、それほど言葉は分かりませんが、いま一生懸命教えているところです」。「私の印象では、あなた自身のドイツ語が完全ではない。お子さんが幼稚園でうまくやっていけるとは、考えられません」。ついに彼女の口から決定的なせりふが飛び出した。

長女がいくつかの単語を知っていても、ドイツ語が分からないのは確かである。日本語がようやく話せるようになったばかりである。「幼稚園に行くようになれば、子どもは大人よりもはるかに早く覚えることでしょう」、こういうせりふが咽喉まで出掛かったがやめた。眼鏡をかけたこの中年婦人が、途端に意地悪ばあさんに見えてきた。

我が家から二、三ブロック離れたところに、肉屋、パン屋、八百屋がある。我々はよく一家三人で買い物に出かけた。そのうち、その一角に保育所のようなものがあって、中ではたくさんの子どもが遊んでいるのを発見した。ある日、そのドアを開けて、子どもの世話をしている女性に、我が子も入れてもらえないかと訊ねた。ところがそこはある企業がやっている保育所で、そこの従業員の子どもでなければ預かれないという。しかしその女性は親切に、彼女の友人がやっている幼稚園があるので、空きがあるかどうか訊ねてくれるという。私は藁《わら》にすがる思いで、その返事を待った。

果たせるかな、二、三日した頃、電話がかかってきた。そこは我が家から相当離れたところにある私立幼稚園であった。電話口の向こうでは、しきりに近代的で清潔な幼稚園で、行き届いた教育をすると説明している。夕方六時まで子どもを預かるとも言っている。それで授業料はいくらでしょうかと訊ねると、一ヶ月で一万三千円だという。今でこそ当たり前の額だが、一九六八年の物価では、かなりの高額だった。さてどうするか。私も妻も考え込んでしまった。長女は遊び相手のいない単調な生活に飽きてしまっている。外では冬将軍が猛威を振るっている。こうした季節はこれからも当分は続く。こうした季節が続く限り、子ども達は一日中家のなかに閉じ込められ、一人で遊ぶしかない。いっそうのこと一万三千円でもいいか、と考えることもあった。しかしそれにしても送り迎えが大変である。バスを使っても、小一時間はかかる。あれこれ迷った末、とうとうこの話は断ることにした。

研究所の同僚にこの顛末を話すと、ともかく区役所に日参するしかないという。足繁く通えば、順番を早めてくれるような口ぶりである。しかしあの眼鏡をかけた無愛想なおばさんの顔を思い浮かべると、区役所に行く気分がなえた。教授に頼んでみては、とアドバイスをしてくれる同僚もいた。ドイツではコネがものをいう。それも一法とも思ったが、その教授が出張に出かけていて、ここのところ顔を見ていない。ともかく足を使って探すしかない。

そんなある日、ある教会のそばの建物から、お母さん達に手を引かれて大勢の子どもが出てくるところに出会った。近所の人に聞くと、そこに幼稚園があるという。教会はどこでも附属の幼稚園を持っているという。そこで今度は教会めぐりが始まった。

まず電話帳を取り出し、教会の欄を引き、そこに書いてある住所を地図で見比べながら、我が家に近い教会をいくつか拾い出した。まず最初の教会を訪れたところ、すでに満員で、これ以上は受け入れられないと、あっさり断られてしまった。二番目の教会も同じ回答であった。三番目に断られた時には、前途が思いやられた。私が残念な顔をしていたせいか、先生は見るだけならば、ということで教室を覗かせてくれた。

そこでは二〇人ほどの子どもが遊んでいたが、そのなかに日本人らしい女の子が一人混じっていた。ちょうど年恰好も長女と同じくらいか、すこし上のように見える。相手の女の子も、おやといった表情で、私の方を見ている。我が子を幼稚園にやるといっても、ドイツ人ばかりのところに投げ出すのは、勇気がいる。この日本人の女の子と一緒になれたら、長女もうまく適応できるのではなかろうか。かえすがえすも残念な気がした。先生はその日本人の女の子の名前を教えてくれた。それは著名なヴァイオリニストの苗字と同じだった。

その後いくつかの教会に電話をかけたが、どこも判を押したように満員だという返事ばかり。ある日、別な教会を直接訪ねたところ、そこの先生は親切にいろいろ相談に乗ってくれた。その先生との会話で初めて分かったのは、ドイツ語で幼稚園（キンダーガルテン）というのは、「毎日、朝八時から夕方六時まで子どもを預かる所」で、それは母親が昼間働いている家庭の子どもの行くところだという。こうした幼稚園のほかに「幼児教室」（シュピールグルッペ）というのがあるという。それは週に三日だけ、それも午前中だけ子どもを預かるという。幼稚園はどこも満員だが、幼児教室はまだすいているはずだという。友達を作ることが目的だったら、幼児教室のほうがよいのではないかとアドバイスをくれた。

この時私は改めて言葉の怖しさを知った。私はこれまでどこへいっても「幼稚園」という言葉を使い続けてきた。子どもを預かってくれる「幼稚園」はないかと懸命になって探してきた。相手は毎日、しかも朝から夕方まで子どもを預かってくれる所、それを私が探していると理解したのだろう。しかし私が探していたのは「幼稚園」ではなく、「幼児教室」だったのである。もっと早くこの区別に気づけば、苦労することはなかったのだろう。

そうなると、話は簡単であった。さっそく長女を連れて、その教会に附属している「幼児教室」に出かけた。最初長女を見た先生は驚いた表情で、「本当にもう三歳ですか?」と訊ねた。長女の身長は日本では平均だった。ところがドイツの子どもは三歳でも、我々には信じがたいほど体格がよい。それまで先生との会話のなかで、私は長女の年齢を三歳と説明してきた。それは幼児教室が預かるのは、三歳以上の子どもに限られているからである。せっかく行き当たった幼児教室でまた断られてしまったら、これまでの苦労が無駄になってしまう。とっさのことで、私は「もう数週間で三歳になります」という表現を使った。先生は長女の生年月日を記入した書類を見ながら、何か考えているようだったが、それ以上は何も言わなかった。こうして二歳一〇ヶ月の長女の幼児教室通いが始まった。「さあ、これでお友達がたくさんできるよ。よかったね」。長女も喜んでいた。

幼児教室の最初の日が終わり帰ってきた長女に、我々はさかんに質問を浴びせた。何をしたの、どんなことがあったの、何か分からないことはなかったの。いろいろ聞いても長女の表情はあまりさえない。何を聞いても、はっきりした答えは返ってこない。

そのうち長女は幼児教室とはまったく関係のない話をしゃべり始めた。さかんにいろいろなことを我々に向けて話しかけた。そのうちに、ポツリとこうつぶやいた。「パパとママとはこうしてお話ができるのに、どうしてドイツの子とはお話ができないのだろうね」。そして「ドイツの子は、あれは、あれは」と言いかけ、しばらくしてから「あれはお友達ではないね」とも言った。こうして長女の幼児教室通いが始まった。それとともに、彼女のドイツ語との格闘が始まった。

✣異国の友達

長女が最初に作った「お友達」は、八〇歳近い老女だった。彼女は我々の一階下に住んでいるので、よくエレベーターで出会った。しきりに話かけてくれるうち、なんとなく雰囲気が分かってくるらしく、長女との間に「会話」が成立するようになった。一家で外出する時など、長女が先に階段を下りて行く。下のほうから、長女が老婆を相手に何か話しているのが聞こえる。やがて長女が戻ってきて、「どこにいくの」と訊ねる。「お買い物だよ」と教えると、またとことこ降りてゆく。老婆に向かって長女が「お買い物」と答えているのが聞こえてくる。

私達夫婦はふつうの親がするように、長女に単語を一つ一つ教えてきた。すこしずつ単語が増えてゆくのが楽しみで、「ああ、よくできた、よくできた」と励ましてきた。しかし、国が変わると言葉がまるまる変わることまでは教えてこなかった。二歳半の子どもにとっては、「言葉の通じない世界がある」ことは、大きなショックだったのだろう。

幼児教室では先生が数の数え方を教えてくれたり、簡単な表現を教えてくれているらしい。家に戻ると、それを繰り返すようになった。発音など親の発音がおかしいと、「違う、違う」といって、親よりもはるかに本格的な発音をするようになった。我々日本人には「アール」（R）と「エル」（L）を区別して発音することがなかなかできない。しかし耳から習っている長女のほうが、はるかにうまく区別して発音するようになった。

そのうちに幼児教室の先生夫妻とは、お互いの家に招いたり、招かれたりする関係となった。奥さんは幼児教室の先生。御主人のほうは裁判官の試補であった。二人とも落ち着いた、もの静かな人達であった。我々の不正確なドイツ語を辛抱強くきいてくれた。奥さんのほうが我々の日本語訛りをよく知っているので、御主人が分からない時は、奥さんが傍らから「翻訳」してくれた。

いろいろ幼児教室での様子を聞くと、初めのうち長女はいっさい口をきかなかったという。一言ものを言わない時期があったという。ところがある時から、急にしゃべるようになったという。先生も不思議がって、何かきっかけがあったのかと訊ねた。

そういわれても、私にも見当がつかない。ただ考えられることは、旅先で見知らない子ども達と、盛んに笑いあったり、ふざけ合っていたことがあった。それは英語を話す子ども達で、英語とドイツ語とでは話が通じたとは思えない。しかし、こうした子ども同士の交流に、長女は何かのきっかけをつかんだのかもしれない。子どもはその環境に置かれれば、言葉を覚えるとはいうが、それほど簡単ではない。

しかしこうした苦労を重ねながらも、長女は次第に幼児教室に慣れていった。妻もまた幼児教室で一緒になるお母さん達と知り合いになり、連れ立ってコンサートやオペラに出かけるようになった。そういう時は、夫達が子守りをするルールができた。市民には市民なりの安定した生活があり、心温まる交流があった。そのような時には、周囲を取り巻いている壁など意識にはのぼることはなかった。

幼児教室の先生は、一度我々一家を西ベルリン郊外にあるセカンド・ハウスに招待してくれた。それは広い庭のついた閑静な場所にあった。周囲は緑に囲まれ、豊かな自然の残る場所だった。しかしいったん林の木立を越えると、そこには東ドイツとの境界線が走っていた。所々にはセンサー付き自動小銃が設置され、不気味な銃口をこちらに向けていた。この自動小銃の設置の有無をめぐって、その後東西ドイツ間でしばしば論争が巻き上がった。東ドイツは自動小銃を設置したことはないと主張した。しかし私は一九六九年夏にこの自分の目で、この自動発射装置が設置された現場を目撃した。豊かな自然の背後には、こうした冷酷な現実があった。これが「人工都市ベルリン」の生の姿であった。

✝ある青年の死

その後の国際関係のなかで見てみると、私が滞在した一九六八年から一九七〇年という時期は、東西の緊張が高まり、東ドイツの締め付けがもっとも厳しい時代だったのだろう。壁ができてからというもの、東西ドイツの再統一の可能性など一片のかけらも見えなかった。ベルリンを舞台として、さまざまな悲劇が生まれたが、壁ができてから一年たった一九六二年八月一七日に起こった一八歳の青年の死は、ぜひとも後世に語り継ぐ必要があるだろう。

その日、その東ドイツの青年は友人とともに西側への脱出を試みた。場所はチェックポイント・チャーリーの西側検問所から五〇メートルしか離れていない場所であった。友人は脱出に成功したが、その青年は東ドイツ国境警備兵の発した銃弾を受けて倒れた。そして壁際に倒れたまま、「助けてくれ」と叫び続けた。

その声を聞きつけて、壁の西側には警官、市民、アメリカ兵が集まった。壁の頂上は有刺鉄線で覆われていた。青年は救助を求めて叫び続けたが、西側の人間はどうすることもできなかった。なぜならば、青年の倒れている場所は東ベルリンの領域だったからである。もし壁を乗り越えれば、明らかに境界線侵犯になった。たまたま居合わせた写真家が、壁際に傷つきうずくまっている青年の姿を壁の上からカメラに収めた。

　青年はかなり長い時間、うめき声をあげながら、壊れた人形のように壁際に倒れ伏していた。彼の身体の下には血だまりができ、だんだんそれが広がっていった。西ベルリン警察が有刺鉄線で覆われた壁を越して、救急ケースを投げ入れたが、落ちた途端にケースは割れてしまった。しかしすでに青年には救急ケースに近づく力は失せていた。

　それからしばらくして、東ドイツの国境警備兵が姿を現した。西側の市民は、東側国境警備兵に向かって「人殺し！」と叫んだ。東側警備兵は発煙筒を発射し、煙幕を張って、青年の遺体（になっていたのであろう）を回収していった。青年は傷ついたまま（あるいは死んだまま）約一時間、壁際に横たわっていたことになる。

　その時たまたま現場に居合わせたのが、アメリカ地区の放送局の記者であった。彼は後日こう語った。


「二人の若者が壁の反対側に横たわり、叫び声をあげていたが、急に黙ってしまった。西側の警官は群集を押し戻すのに懸命だった。壁際にいたアメリカ憲兵隊は何もできず、青年は死亡し、東側の兵士が遺体を運んでいった」。

いったい、日本のメディアはこの事件をどう報道したのだろうか。まず八月二〇日には各誌夕刊が東独青年射殺さるという短報を掲載した。それを追うようにして八月二四日のM新聞は、壁際に倒れたままに放置された青年の姿を写真入で報道した。そして、幾人かの西ベルリン市民が近くの検問所に詰めているアメリカ兵に向かって、「向こうにいって彼を救い出してくるから、一緒にいってくれ」と頼んだところ、「それはわれわれの問題ではない」と断られたという話を伝えた。

翌二五日にはY新聞が「非情。ベルリンの壁」というタイトルをつけて、倒れた青年の姿を鉄条網越しに写した写真を掲載し、五五分以上も青年が放置されたままだったと報道した。またY新聞は次のようなモスクワ放送の内容を報じた。

「西ベルリンはいまや北大西洋条約機構の軍事基地となり、東側に対する破壊活動の拠点となっている。我々は交渉の扉を閉じるものではないが、ヨーロッパに大戦火が起こるのを黙視するものでもない」。

すでに述べたように、一九六一年のブラント市長は連合国側の「冷淡な態度」を恨んだという。しかし、さまざまなルールに照らしてみると、連合国側には彼等なりの制約があった。東ドイツ政府が東西の境界線を鉄条網で塞いでも、その鉄条網の張られる場所が東ベルリン領内である以上、西側には手を出すことができなかった。へたをすれば境界侵犯となり、それをきっかけとして、第三次世界大戦に発展しないとも限らなかった。

国家とは国境で区切られた特定の地理的空間を、独占的に支配することを認められた機関である。いかなる国家といえども、他国の領土を侵すことは許されない。たとえ殺人が行われても、それが他国内である以上、隣国といえども干渉することはできない。

負傷した青年を救助するために、西ベルリン市民がアメリカ兵に援助を求めても、青年の倒れている場所が東ベルリンである限り、「我々には関係のないこと」と答えるしかなかった。それを無情だと批判し、非情と非難しても、他国の領土に兵士が立ち入れば、弁解の余地のない領域侵犯となった。無情、あるいは非情と非難すべきは国境であり、国境にそのような意味を持たせている国家という仕組みであった。

駐ベルリンアメリカ司令官クレイに対して、ある記者は「どうしてあの時思い切って壁を壊さなかったのか」と質問したことがあった。クレイ将軍はこう答えた。

「もしそう考えている者がいるなら、もう一度ベルリンに関する我々の条約を思い起こしてもらいたい。我々は全ベルリンに対してではなく、ただ西ベルリンだけの独立と安全と福祉に責任を負っているだけだ。東ベルリンはソ連の管轄する地区である。かつてのベルリン空輸にしても、全ベルリンのために行われたのではなく、西ベルリンのためだけのものだった。境界線の壁は私もひどいとは思うが、しかしアメリカの公約は西ベルリンだけを対象にしたものだ」。

たしかに国境は人間が人為的に作り出したものであるが、それにいかなる役割を持たせるかを決めるのは、国家同士であった。隣国からの亡命者が銃弾を受けて負傷しても、彼が横たわっている場所が隣国内である限り、こちら側はどうすることもできなかった。国境とはこうした非情と無情が鋭く姿を見せる場所であった。

✢相次ぐ投石事件

ベルリンという街は、さまざまな不思議の詰まった都市である。西ベルリンの中側に一ヶ所、ソ連軍が占領する地区があった。それはベルリン陥落のために命を落としたソ連兵の慰霊碑の立っている場所であった。西ベルリンの領域内でありながら、その一画だけがソ連占領地区となっていた。この慰霊碑警護のために、東ベルリンに駐在するソ連兵が、毎日東ベルリン地区から境界線を越えて西ベルリンにやってきた。

東独青年射殺事件に激高した西ベルリン市民は、このソ連兵の乗る車を標的に選んだ。彼等はその車めがけて投石を始めた。一九六二年八月二一日の新聞は、この事件をこう報道した。

「ソ連バスにまた投石　西ベルリン市民約五〇〇人は二〇日、西ベルリン内にあるソ連戦争記念碑警備のソ連兵を運ぶバスに投石、その窓の大部分をこわした。目撃者によると、バスに乗っていたソ連兵一六人のうち数人は石に当って頭や手から血を流していたといわれる。またもみ合いで西ベルリン警官一五人以上が負傷した」。

ソ連はこの投石事件を「西側の挑発」と非難した。「東独側の通信社は、二〇日夜、西ベルリン市民によるソ連軍バス襲撃事件は挑発だと次のように非難した。西ベルリンには組織されたギャングがうろついており、彼等は投石、自動車破壊などのテロを行うことが許されている。ブラント西ベルリン市長はこれらテロリストを支持している」。

またM新聞は一九六二年八月二一日号で、西ベルリンの青年達がソ連兵を乗せたバスが東ベルリンに戻るのを妨害するため、バスの通路に車を横転させ、ピケを張った場面を写真入りで報道した。この投石騒ぎはその後も数日間止むことがなかった。

それ以来、幾人もの命が壁際で絶たれた。そして最後の犠牲者は一九八九年二月六日、つまり壁崩壊のわずか九ヶ月前に発生した。この日二〇歳の青年が、二一歳の青年とともに壁を乗り越えようとした。最初の壁、つまり東側の壁を越えることには成功したものの、無人地帯に差し掛かった時、自動感知装置が働き、大きな警報が鳴り響いた。国境警備兵は直ちに発砲。二〇歳の青年は心臓を撃ち抜かれて倒れた。

この二五年間に壁際で命を落とした者が、総計何名に達するかは、西側からは正確には把握することができなかった。しかし東西統一とともに、旧東ドイツ政府内に封印されていた機密文書が押収され、初めて七八名に達したことが明らかとなった。しかしこの数字とてもどれほど正確か分からない。

現に一九九三年にベルリン地方裁判所に提出されたホーネッカーの起訴状（全部で七八三頁に及ぶ長文）では、四九人の壁での射殺が訴因と挙げられた。しかし研究プロジェクト「ベルリンの壁で命を落とした犠牲者」の報告によると、一三三人とされている（二〇〇七年八月二三日のオンライン・シュピーゲル誌）。

ちなみにこの研究プロジェクトは二〇〇五年一〇月から二〇〇七年一一月までの二年間だけ期限を区切って設置された研究プロジェクトで、壁で命を落とした人々とその運命についての集められるだけの情報を収集することを目的にしている（二〇〇七年八月二五日現在の公式ホームページは http://zzf-pdm.de/projekte/projab04/mauer_p.html）。

このホームページには、ベルリン検察庁の数字、「統治・統一に関わる犯罪に関する中央調査集団」の数字、「八月一三日の研究集団」などの数字が挙げられているが、壁の犠牲者の数は一致していない。ベルリン検察庁は二七〇人、「統治罪・統一に関わる犯罪に関する中央調査集団」は四二一人、「八月一三日の研究集団」は九五七人。犠牲者の定義が相互に若干異なっていることもあるが、おそらくそれ以上に事件が多くの闇に包まれているためであろう。歴史はこれからも、新たな事実を掘り起こし、この記録を塗り変えてゆくことだろう。

✝封印を解かれた東側文書

話をもう一度一九六二年八月に発生した東独青年射殺事件に戻すならば、我々にはこれまで西側からの記録しか手に入らなかった。いったい東側からはこの事件はどう見えていたのか。逃亡を図る青年に向かって銃弾を放ったのは、同じ東ドイツの青年である。この国境警備兵はどのような思いを抱きながら、逃亡を図る同邦青年めがけて発砲したのか。彼等にはだれからどのような命令が下されていたのだろうか。なぜ瀕死の青年を、一時間近く放置しておいたのか。その間、東の国境警備兵はなにをしていたのか。疑問は止めどもなく広がる。

しかし一九九〇年の東西統一まで、東側からはこうした情報はいっさい流れてこなかった。東西分断は同時に情報の分断でもあった。しかし壁が崩壊するとともに、壁の向こう側に封印されていた未知の情報が流れ出した。

東西統一後、この事件を記録した文書が東側で発見された。東側の報告書はこの経緯を次のように記述していた。

「一九六二年八月一七日、ドイツ民主共和国首都（東ベルリンのこと）から西ベルリンへの国境侵犯が発生した。男性一名が国境を侵犯。もう一名別の男性が同じコースで国境侵犯を試みたが、警察病院に運ばれた。重傷を負っていたため、午後三時一五分ごろ死亡した。

午後二時一五分ころ、○○軍曹と○○伍長が第一の柵を乗り越え、壁に向かっている国境侵犯者を発見。その二、三メートル後を、もう一人別の男性が続いていた。○○軍曹はただちに発砲した。国境警備兵と国境侵犯者との距離は約五〇メートルだった。撃った弾丸の合計は、軍曹一七発、伍長七発だった。

近くの監視塔で、XX曹長とXX伍長が銃声を聞き、境界防護柵の前に境界侵犯者がいるのを発見して発砲した。XX曹長とXX伍長は合計一一発を撃った。

この時、第一の人物はすでに壁を越えており、国境警備隊がさらに発砲すれば、西側領域内を狙うことになった。この人物は、壁を乗り越えるのに成功した。

第二の人物は弾丸を受け、壁の手前で倒れた。○○軍曹と○○伍長はただちに配置につき、敵の領内の監視を続けた。西側の警察と市民が壁にはしごをかけ、負傷した国境侵犯者を回収しようとした。しかしその行動がドイツ民主共和国（東ドイツのこと）への侵犯行為になることを理解したものと思われる。我々も負傷した国境侵犯者を回収するため、現場に「煙のカーテン」を張った。煙幕に守られたＹＹ軍曹とＹＹ伍長が、負傷した国境侵犯者を回収した。その人物は警察病院に運ばれた」。

さらにこの報告書は、西側からではまったく目撃できなかった事件があったことを記録している。この現場近くには、たまたま男女二人の東ベルリン市民が居合わせた。その彼等が事件直後に東側人民警察に逮捕されたと記録されている。しかも逮捕された理由は、女性のほうが「あの警備兵が撃ったのよ。証拠写真を撮らなくては」といったためだったとされている。つまり西側ばかりでなく、東側にもこの事件の目撃者がいた。しかもその一人は射殺した国境警備兵を特定できた。それがために逮捕されたという。

報告書の結論は、こう結ばれている。

一．国境警備兵の行動は正しく、効果的であった。武器の使用は正当である。だが、一発撃っただけで、同様の結果が得られたのではないかという疑問は残る。

二．第一の国境侵犯者に向かって発砲したら、内務省規則違反となったものと思われる。弾丸が西ベルリン領内に届いたと考えられるからである。

三．煙のカーテンを張った処置は適切であり、それによって敵の視界はさえぎられた。

この報告書には「その後の処置」という項目もつけられていた。それによるとこの四名の国境警備兵には、その後勲章が授与されたという。これが東側の壁の中に封じ込められていた報告書の内容である。

以上の東側の報告書によると、発砲した兵士は四名となる。ただだれの発砲した銃弾が一八歳の青年を死に至らしめたのかは特定できない。ただそのなかの一人が、後日撃たれた青年の妹に会って、謝罪したという。ただしその謝罪がなされたのは、壁崩壊から八年たった一九九七年三月のことだった。

さらにまた、傷ついた（あるいは死亡した）青年を東側が一時間近くも放置した点に疑問を抱いたイギリス人ジャーナリストは、壁崩壊後、当時の東側関係者を面接し、さまざまな証言を集めた。そしてそのなかから、当時の東側国境警備兵が「青年を助けに行けば、我々が西側から撃たれるだろう」と恐れていたという証言を引き出している（クリストファー・ヒルトン「ベルリンの壁の物語」参照）。壁は人と人を物理的に隔てるだけでなく、相互に対する恐怖心を抱く空間を作り出していた。

だがしかし東の国境警備兵が恐れたのは、西側からの銃だけではなかった。背後から向けられる銃口をも彼等は恐れていた。国境警備兵はかならず二名一組で勤務することとなっていた。しかもその二人が親しい関係にならないよう、たえず入れ替えられた。つまり国境警備兵にも相互監視の網をかけられていた。意気投合した兵士が一緒になって越境することがないよう、防止策がとられていた。ある国境警備兵は壁崩壊のあと、こう語った。

「だれと組んで国境警備に当たるのかは、その当日にならないと分からなかった。隊長が名前を呼び上げ、その時はじめて誰と組んでパトロールするかが分かった。我々の兵器はソ連製の自動小銃で、弾丸は弾倉に三〇発、ポケットに三〇発あった。国家秘密警察はたえず国境警備兵を審査し、誰が信頼でき、誰がそうでないかを判別していた。二人の組み合わせは、一方が信頼できると評価された者、他方はその信頼性に劣ると評価される者となった。だからパトロール中も、なんとなく相手から探られているような感じがした。パトロールが終了すると、いつも思った。ありがたい。撃たずに済んだ。それと同時にこうも思った。撃てば誰かを殺す。しかし撃たなければ、自分が罰せられる」。

壁の反対側には違った世界があった。しかし一見違っているように見えても、人々の心を支配していたのは、相手に対する恐怖心、敵に対する恐怖心であり、それと同時に、あるいはそれ以上に同僚に対する恐怖心、その国家体制に対する恐怖心であった。

✝だれが銃の使用を認めたのか

そもそもこの武器の使用を命令したのは、だれだったのだろうか。体制崩壊後ホーネッカーは、武器使用命令を出した張本人として起訴されたが、果たして彼だけがこの罪を引き受けねばならないのか。もちろんホーネッカーはこの命令の存在そのものを否定した。彼の後継者であるクレンツも否定した。ただクレンツは体制崩壊後も「どこの軍事境界線でも武器が使用されているではないか」と反論している。国境警備兵は何を根拠として、脱出者の背中めがけて発砲したのだろうか。

この命令の出所は、これまでもしばしば論議の的となった。東ドイツ政府はある時点では自分達ではないと言ったこともある。またある時点では、それはソ連からの指示だったと言ったこともあった。この出所を追跡してゆくと、単なる責任のなすり合いとは思えない事情が浮かび上がってくる。まず歴史的な事実から確認してゆく必要がある。

いろいろ記録を探ってゆくと、ことの起こりはベルリン陥落直後の一九四五年まで遡ることができる。その当時からまずソ連兵による境界線警備が始まった。それは占領軍として当然の措置であろう。ところが一九四六年一一月からは、社会主義統一党員もまたこのパトロールに加わるようになった。これもまたじゅうぶんにありうることである。占領軍と被占領国の警官・兵士がペアになって警備に当ることは、占領地ではよく見られる光景である。この時から東ドイツの警官は銃器を持ってソ連兵士とペアで、境界線警備に当るようになった。

しかしそれではこの境界線の警備規定を定めたのは、だれだったのだろうか。東ドイツ政府だったのか、それともベルリンに駐在するソ連軍だったのだろうか。まず一九四六年当時の警備規定を定めたのはソ連軍だったという。ソ連軍が警備規定を定め、それに従った警備が行われていたという。これもじゅうぶんに考えられることである。その当時、ベルリンは戦勝国四ヶ国の分割統治になっており、東半分を占領していたのは、ソ連軍だったからである。

そこで一九四七年八月二三日に出された職務命令書では、境界線侵犯が生じた場合、身柄の拘束が不可能な場合に限って、武器の使用を認めるという指示が出された。この職務命令書による最初の犠牲者は、一九四九年一月二九日に発生している。これはソ連軍の出した規定による最初の犠牲者ということになる。

それから三年後、社会主義統一党政治局は、初めて党政治局としての職務規則を作成し、そのなかに武器使用を容認する規定が登場した。つまり今度はソ連軍ではなく、東ドイツ政府の手によって、武器使用が容認されたことになる。ただその時点で、東ドイツ政府がソ連軍に対して、どれほど独立性を持っていたかは疑問である。あとになって東ドイツ政府が武器使用を定めたのは、東ドイツ政府ではなく、ソ連軍だったと言ったのは、まったく根拠のないことではない。

いずれにせよ、東ドイツの法律では正規の手続きなしに、境界線を越えることは犯罪であり、この罪で逮捕された者は、一九五七年以降、三年間の禁固刑に課せられることになっていた。そしてこの刑期はその後八年間に延長されている。さらに一九六一年九月二〇日にはホーネッカーが「境界線侵犯者に対しては銃器が使用される」という規定を設けたとの記録が残されている。そして境界線侵犯者を射殺した警備兵には、勲章が送られるようになったともいう。ホーネッカーは明らかに武器が使用されていたことを知っていたはずである。

ただ東ドイツの国境警備は、ある時点で定められた方式が、その後も一貫して継続していたのではない。当然のことながら、それは時代状況とともに変化した。とくに一九八七年のホーネッカーのボン訪問以降、東西ドイツの歩み寄りのなかで、警備規定は緩和された。その時、たとえ武器の使用が必要な場合でも、連射ではなく「ただ一発」だけに止めるように警備規定が改正された。そして一九八九年四月以降は実質的に武器使用命令は撤回されたという。ただ重要なことだが、東ドイツ政府はそのことを自国民には知らせなかった。だから一九八九年の四月から一一月九日の壁崩壊までに五名の犠牲者が出た。

ところが壁崩壊後は、東側に封印されていた情報が公開されることになり、次々と新たな証拠が出てくるようになった。ごく最近（二〇〇七年八月）になって、かつての国家秘密警察に残された膨大な文書（長さにして一七〇キロメートルに達するという）の中から、一つの文書が発見され、それが目下大きな波紋を広げている。この文書には一九七三年一〇月一日という日付が書かれている。そこには「たとえ女性であろうと、子どもであろうと、武器の使用をためらうべきでない」という衝撃的な規定が書き込まれていた。それをきっかけとして、改めて旧国家秘密警察の非人間性を糾弾する声が再燃した。

この下りを文字どおりに翻訳するとこうなる。

「お前達の任務は、境界侵犯者の計画を挫折させ、その策謀を打ち砕き、それを中止させ、場合によっては抹殺することである。そのためには注意深く、かつ明確な目的をもって行動する必要がある。侵犯者にその行為がいかに危険で、不正なものを、証明してみせる必要がある。銃の使用をためらってはならない。たとえ境界線突破が女性や子供によって行われる場合であっても、ためらってはならない。これまでにしばしば女性、子供が境界線突破を試みてきたからである」。

これまで東側が説明してきた国境警備兵への職務命令書では、国境侵犯者を発見した時、まず「止まれ」と警告する。それでも止まらない場合は、空に向かって警告射撃を発砲する。さらにその先の措置としては、一九八二年の「国境法」によると、武器使用は「強制力行使の最終的な手段」として規定されていたという。ところが今回発見された警備指示書には、こうした規定はいっさい含まれておらず、「たとえ女性であろうと、子供であろうと、武器の使用をためらうべきでない」と規定されていたという。

こうした警備規定は各地の国境警備隊に配布されたはずだから、これからも複数発見される可能性がある。現に今年（二〇〇七年）になって、まずマグデブルクで発見され、それに次いでほとんど同内容の文書がケムニッツとシュヴェリーンでも発見されている。その内容にもいくつかのヴァージョンがあったものと想定される。

東西ドイツ統一後、旧国家秘密警察関係の文書が多数公開されることとなった。この量は膨大であり、調査作業は目下進行中である。これからどのような文書が出て来るか、だれにも分からない。しかしいかなる証拠が見つかったとしても、ホーネッカーはすでにこの世にはいない。彼は一九九二年一二月三日、ベルリン・モアビット法廷にて、被告としてこう証言している。

「私はこの告訴とこの法廷を適法とみなすことはできない。私には殺人罪が適用されているが、それは明らかに根拠がない。それにこの法廷がいかなる刑罰を科しても、私には寿命が残されていない。これは政治的な茶番劇である」。

彼に対する裁判は、旧東ドイツ大統領ヴィリー・シュトフ、国家秘密警察長官エーリヒ・ミールケに対する裁判とともに、一九九二年一一月一二日から開始された。ところがシュトフに対しては直ちに健康上の理由から裁判は打ち切られた。ミールケ裁判は二年後に同じく健康上の理由から打ち切られた。ホーネッカー裁判は、一九九三年一月一二日に被告の健康上の理由（ガン）から終了し、その翌日彼はチリに亡命した。

こうした国家首脳部に対する裁判に先立って、すでに射殺の実行者として特定された個別の国境警備兵に対する裁判は進行していた。一九九二年一月二〇日、境界線上で発生した射殺事件についての最初の裁判が開始された。裁判の結果、二名の国境警備兵が有罪と判決され、二年から二年半の禁固刑が科せられた。また他の二名の兵士には無罪の判決が下された。無罪の理由は、彼等は単に軍事組織の最末端にいただけだからとされた。

その後、一九九三年九月一六日には元防衛大臣ハインツ・ケスラーに対する判決が下され、七年半の刑罰が科せられた。また社会主義統一党のベルリン地区書記長アルプレヒトには最初四年半の強制収容が課せられたが、のちに連邦裁判所によってその刑期は五年と一ヶ月に延長された。彼は射殺の命令者ではなく、その実行者として裁かれた。

一九九六年九月以降は、直接国境警備に当った警備隊の指揮官六名に対する判決が下された。最高司令官であったクラウス・ディーター・バウムガルテンに対しては六年半の判決が下された。それ以外の指揮官にはそれぞれ三年三ヶ月から六年にかけての判決が下された。

その後被告達から控訴がなされたが、連邦裁判所はいずれの控訴も退けた。元防衛大臣ケスラー達からの控訴に対しては、逃亡者の射殺は重大な不法行為であり、旧ドイツ民主共和国の法律に則っても、法的な責任を免れないものとした。一九九七年八月二五日にはエゴン・クレンツ元東ドイツの国家評議会議長、ギュンター・シャボウスキー元東ドイツ社会主義統一党書記などに、境界線での射殺事件に対する判決が下された。クレンツには六年半、シャボウスキーには三年の禁固刑が下された。

✢壁博物館の活動

チェックポイント・チャーリーの検問所の手前に「壁の博物館」がある。この博物館はちょうど我々がベルリン生活を始めた頃できあがった。博物館といっても、はじめは規模の小さい展示場といった感じのものだった。民家の部屋を二、三つ改造しただけのものだった。

そこには、どのような方法で壁を越えようとしたのか、さまざまな手段が展示されていた。ある者は地下にトンネルを掘って、西側に脱出しようとした。ある者は大型バスを運転し、曲がりくねった検問所を強行突破しようとした。ある者は車高の低い車であれば、検問所のバーをくぐれることを発見し、車高の低いレンタカーを借りてきて、検問所を突破した。またある者は自動車のガソリン・タンクを改造し、人一人分のスペースを作り、友人を運び出そうとした。ある者は運河を泳いで脱出を試みた。西側では運河の岸にロープを張り、脱出者がすがりつきやすいように工夫をした。

またある者は、アメリカ軍兵士の制服を手に入れ、ときどき東ベルリンの巡回にくるアメリカ軍警備隊に紛れ込んで境界線を突破しようとした。すでに述べたように、アメリカ軍は東西ベルリンの占領軍の一翼を担っていた。その警備隊は東西ベルリンの境界線を越える時、パスポートを提示する必要がない。そこに目をつけてこうした方法を考え出した。ただ東ベルリンにいながら、どういう方法でアメリカ軍の制服を手に入れたのかは不明である。

冬季になれば、ベルリンの西側にある大きなハーフェル湖が凍った。その氷の上を歩いて渡る脱出者が出てきた。それが発見されやすいと分かると、凍った湖の中をウェットスーツを着て潜る者がでてきた。湖を泳ぎ切るだけの体力のない者は、手製の水中モーターを使った。ある者は熱気球を使って、東西の境界線を越えようとした。サーチライトの追跡を逃れるため、いったんは二六〇〇メートルの高さまで登った。東から西まで四〇キロメートルの距離を二八分かけて飛行し、脱出に成功した。脱出手段が多くなるにつれて、展示物も増え、やがて小さな展示場はスペースを広げ、博物館となった。

一九九〇年三月、壁が崩壊した直後に、私はこの博物館を訪れた。その正面には忘れがたい文章が掲げられていた。

「我々は長年にわたってこの壁が崩れ去る瞬間を待ち望んできた。ついに我々の目標は達成された。しかし世界の各地にはいまだに人と人とを隔てる壁が立っている。我々は最後の壁が消滅する日まで、さらに活動を続ける」。

（了）

参考文献

防衛庁防衛研修所戦史部「潜水艦史」朝雲新聞社、一九七九年
ウィリー・ブラント（佐瀬昌盛訳）『共存の試練』時事新書、一九六五年
ウィリー・ブラント（直井武夫訳）『平和のための戦い』読売新聞社、一九七三年
広田厚司『Uボート入門―ドイツ潜水艦徹底研究』光人社、二〇〇三年
阿川弘之『戦艦長門の生涯』阿川弘之自選作品8、新潮社、一九七三年
明治大正昭和新聞研究会『新聞集成昭和編年史』新聞資料出版
明治大正昭和新聞研究会『新聞集成大正編年史』新聞資料出版
アンドレーア・シュタインガルト（谷口健治［ほか］訳）『ベルリン：「記憶の場所」を辿る旅』昭和堂、二〇〇六年
アナ・ファンダー（伊達淳訳）『監視国家：東ドイツ秘密警察（シュタージ）に引き裂かれた絆』白水社、二〇〇五年
高橋進『歴史としてのドイツ統一：指導者たちはどう動いたか』岩波書店、一九九九年
雪山伸一『ドイツ統一』朝日新聞社、一九九三年
ホルスト・テルチク（三輪晴啓・宗宮好和監訳）『歴史を変えた三二九日：ドイツ統一の舞台裏』日本放送出版協会、一九九二年
エゴン・クレンツ（佐々木秀訳）『国家消滅：「ベルリンの壁」を崩壊させた男五〇日の真実　インサイド・ドキュメント』徳間書店、一九九〇年
ユルゲン・ペッチュル（坂本明美訳）『検証ベルリンの壁：その構築から崩壊まで』三修社、一九九〇年
笹本駿二『ベルリンの壁崩れる：移りゆくヨーロッパ』（岩波新書）岩波書店、一九九〇年

永井清彦『現代史ベルリン』(朝日選書) 増補版、朝日新聞社、一九九〇年
日本歴史地名大系『静岡県の地名』第二二巻、平凡社、二〇〇〇年
野村實『日本海軍の歴史』吉川弘文館、二〇〇二年
フローラ・ルイス(友田錫訳)『ヨーロッパ—統合への道—上』改訂増補、河出書房新社、二〇〇二年
クリストファー・ヒルトン『ベルリンの壁の物語』(上下) 原書房、二〇〇七年
海軍有終会編『海軍要覧』各年度版
海軍大臣官房編『海軍軍備沿革』巌南堂書店、(初刷：昭和九年) 一九七〇年
海軍省編『海軍省年報』各年度版
海軍省編『海軍省統計年報』各年度版
『海軍制度沿革』明治百年史叢書、原書房、一九七一年
鳥巣健之助『日本海軍潜水艦物語』二〇〇二年
佐久間勉『佐久間艇長の遺書』TBSブリタニカ編集部編、二〇〇一年
山崎朋子『鳴潮のかなた—伊号第六七潜水艦とその遺族』文春文庫、一九八七年
木俣滋郎『日本戦艦戦史』図書出版社、一九八三年
洞富雄『近代の戦争』第三巻、人物往来社、昭和四一年
別冊歴史読本『潜水艦大作戦』四三号、人物往来社、二〇〇三年
松下芳男『話題の陸海軍史』學藝社、昭和一二年
若尾祐司・井上茂子編『近代ドイツの歴史』ミネルヴァ書房、二〇〇五年
「横須賀海軍人事部　海軍一般」横須賀海軍人事部、昭和五年

木村浩吉『海軍図説』大日本図書、明治二九年
鶴見俊輔編『日本の百年　5　成金天下』筑摩書房　一九六二年
三浦涛平『海兵物語』大日本軍事教育会、大正六年
Rainer Hildebrandt, Es geschah an der Mauer, 1981
Wende und Ende des SED-Staates (2): “Gorbi, hilf uns” 04.10.1999 SPIEGEL ONLINE URL: http://www.spiegel.de/spiegel/0,1518,44895,00.html

著者紹介

潮木　守一（うしおぎ もりかず）

桜美林大学大学院国際学研究科招聘教授

1934年神奈川県横須賀市生まれ、1957年東京大学教育学部教育学科卒業、1957年東京大学助手、東京学芸大学専任講師、名古屋大学教育学部助教授、同教授、同学部長、名古屋大学大学院国際開発研究科教授、名古屋大学附属図書館長など経て、現職にいたる。

この間、文部省中央教育審議会専門委員、経済企画庁国民生活審議会委員、文部省大学設置審議会専門委員、大学基準協会基準委員、文部省大学審議会特別委員、ユネスコ国内委員会委員、日本学術会議会員、国際協力事業団ベトナム初等教育整備計画国内支援委員会委員長などを歴任。

主要著書

『キャンパスの生態誌』（中公新書、1986年、現在は中公新書e版）。『ドイツの大学―文化史的考察』（講談社学術文庫、1992年）。『アメリカの大学』（講談社学術文庫、1993年）。『ドイツ近代科学を支えた官僚―影の文部大臣アルトホーフ』（中公新書、1993年、現在は中公新書e版）。『京都帝国大学の挑戦』（講談社学術文庫、1997年）。『世界の大学危機』（中公新書、2005年）。『大学再生への具体像』（東信堂、2006年）。

いくさの響きを聞きながら―横須賀そしてベルリン

2008年3月31日　　初　版第1刷発行　　〔検印省略〕

定価はカバーに表示してあります。

著者©潮木守一／発行者 下田勝司　　印刷・製本／中央精版印刷

東京都文京区向丘1-20-6　　郵便振替00110-6-37828

〒113-0023　TEL (03)3818-5521　FAX (03)3818-5514　　発行所 株式会社 東信堂

Published by TOSHINDO PUBLISHING CO., LTD.

1-20-6, Mukougaoka, Bunkyo-ku, Tokyo, 113-0023, Japan

E-mail : tk203444@fsinet.or.jp　http://www.toshindo-pub.com

ISBN978-4-88713-805-6　C0093